中国工程建设标准化协会标准

公路工程地质勘察报告编制规程

Specifications for Report of Highway Engineering Geological Investigation

T/CECS G:H24—2018

主编单位：中交第一公路勘察设计研究院有限公司
批准部门：中国工程建设标准化协会
实施日期：2019 年 05 月 01 日

人民交通出版社股份有限公司

图书在版编目(CIP)数据

公路工程地质勘察报告编制规程：T/CECS G:H24—2018 / 中交第一公路勘察设计研究院有限公司主编. —北京：人民交通出版社股份有限公司, 2019.6
 ISBN 978-7-114-15602-1

Ⅰ. ①公⋯　Ⅱ. ①中⋯　Ⅲ. ①道路工程—工程地质勘察—研究报告—编制—规程—中国　Ⅳ. ①U412.2-65

中国版本图书馆 CIP 数据核字(2019)第 107434 号

标准类型：中国工程建设标准化协会标准
标准名称：公路工程地质勘察报告编制规程
标准编号：T/CECS G:H24—2018
主编单位：中交第一公路勘察设计研究院有限公司
责任编辑：李　沛
责任校对：刘　芹
责任印制：刘高彤
出版发行：人民交通出版社股份有限公司
地　　址：(100011)北京市朝阳区安定门外外馆斜街 3 号
网　　址：http://www.ccpress.com.cn
销售电话：(010)59757973
总 经 销：人民交通出版社股份有限公司发行部
经　　销：各地新华书店
印　　刷：北京市密东印刷有限公司
开　　本：880×1230　1/16
印　　张：7.5
字　　数：190 千
版　　次：2019 年 6 月　第 1 版
印　　次：2023 年 1 月　第 2 次印刷
书　　号：ISBN 978-7-114-15602-1
定　　价：60.00 元

(有印刷、装订质量问题的图书，由本公司负责调换)

中国工程建设标准化协会
公　告

第 384 号

关于发布《公路工程地质勘察报告编制规程》的公告

根据中国工程建设标准化协会《关于〈2016 年第一批工程建设协会标准制订、修订计划〉的通知》(建标协字[2016]038 号)的要求,按照中国工程建设标准化协会标准管理办法的相关规定,由本协会公路分会组织编制的《公路工程地质勘察报告编制规程》(T/CECS G:H24—2018),经审查通过,现批准发布,自 2019 年 5 月 1 日起施行。

二〇一八年十一月二十三日

前　言

根据中国工程建设标准化协会《关于〈2016 年第一批工程建设协会标准制订、修订计划〉的通知》（建标协字〔2016〕038 号）的要求，由中交第一公路勘察设计研究院有限公司承担《公路工程地质勘察报告编制规程》（以下简称"本规程"）的制定工作。

本规程分为 11 章、5 篇附录，主要内容包括：1 总则、2 术语和符号、3 基本规定、4 原始资料、5 可行性研究工程地质勘察报告、6 初步工程地质勘察报告、7 详细工程地质勘察报告、8 不良地质勘察报告、9 特殊性岩土勘察报告、10 工程地质图表、11 勘察报告装帧与编排，附录 A 工程地质勘察总说明基本格式、附录 B 工点工程地质勘察报告基本格式、附录 C 公路工程地质分区的原则、附录 D 工程地质层代号、附录 E 图表示例。

本规程是基于通用的工程建设理论及原则编制，适用于本规程提出的应用条件。对于某些特定专项应用条件，使用本规程相关条文时，应对适用性及有效性进行验证。

本规程由中国工程建设标准化协会公路分会负责归口管理，由中交第一公路勘察设计研究院有限公司负责具体技术内容的解释，在执行过程中如有意见或建议，请函告中国工程建设标准化协会公路分会（地址：北京市海淀区西土城路 8 号；邮编：100088；电话：010-62079839；传真：010-62079983；电子邮箱：shc@ rioh. cn），或刘晓（地址：陕西省西安市高新区沣惠南路 20 号华晶广场 A 座 10 楼；邮编：710075；电话：029-88372097；电子邮箱：lx123888@163.com），以便修订时参考。

主　编　单　位：中交第一公路勘察设计研究院有限公司

参　编　单　位：中交第二公路勘察设计研究院有限公司
　　　　　　　　中交公路规划设计研究院有限公司
　　　　　　　　福建省交通规划设计院
　　　　　　　　西安中交公路岩土工程有限责任公司

主　　　　　编：张敏静

主要参编人员：刘　晓　吴臻林　陈银生　张尧禹　林　琛　刘运平
　　　　　　　张俊瑞　黄仁杰　王晨涛　潘智锋　王　忠　于　晖
　　　　　　　岳永利　怀　超　宁振民　杨文锋　郭爱侠　张本涛
　　　　　　　邢　军　郭高峰　侯继荣　晁新勇　董小波　朱田野

主　　　审：聂承凯
参与审查人员：李春风　刘怡林　汪　晶　赵法锁　胡建刚　田志忠
　　　　　　　　袁永新　龙万学　黄　俊　贾志裕　马洪生　张修杰
　　　　　　　　何文勇　彭丁茂　吴有铭
提供支持人员：何乃武　郑束宁　徐春明　张晓绥　毛爱民　赵怀义
　　　　　　　　李　锦　张旭东　李晓清　张举智　张利民　张建银
　　　　　　　　刘国权　陈伟刚　刘长平　冉志杰　孙雅洁　温庆珍
　　　　　　　　栾　海　包晓玲　刘正银　王剑锋　王　海　陈培聪

目　次

1　总则 ··· 1
2　术语和符号 ·· 2
　2.1　术语 ·· 2
　2.2　符号 ·· 3
3　基本规定 ·· 6
　3.1　一般规定 ·· 6
　3.2　工程地质勘察总说明基本格式 ··· 6
　3.3　工点工程地质勘察报告基本格式 ··· 10
4　原始资料 ·· 14
　4.1　一般规定 ·· 14
　4.2　基本内容 ·· 14
5　可行性研究工程地质勘察报告 ··· 16
　5.1　一般规定 ·· 16
　5.2　报告编制 ·· 16
6　初步工程地质勘察报告 ·· 18
　6.1　一般规定 ·· 18
　6.2　总说明 ·· 18
　6.3　路基工程 ·· 19
　6.4　桥涵工程 ·· 21
　6.5　隧道工程 ·· 22
　6.6　路线交叉工程 ·· 24
　6.7　沿线设施工程 ·· 24
　6.8　沿线筑路材料料场及弃土场 ·· 24
　6.9　线外工程 ·· 26
　6.10　连接线 ·· 26
7　详细工程地质勘察报告 ·· 27
　7.1　一般规定 ·· 27
　7.2　总说明 ·· 27
　7.3　路基工程 ·· 28
　7.4　桥涵工程 ·· 29

7.5	隧道工程	30
7.6	路线交叉工程	30
7.7	沿线设施工程	30
7.8	沿线筑路材料料场及弃土场	30
7.9	线外工程	31
7.10	连接线	31

8 不良地质勘察报告 ··· 32

8.1	一般规定	32
8.2	岩溶	32
8.3	滑坡	33
8.4	危岩、崩塌和岩堆	34
8.5	泥石流	35
8.6	采空区	36
8.7	水库坍岸	37
8.8	地震液化	38

9 特殊性岩土勘察报告 ··· 39

9.1	一般规定	39
9.2	黄土	39
9.3	多年冻土	40
9.4	膨胀性岩土	41
9.5	盐渍土	42
9.6	软土	43
9.7	花岗岩残积土	44
9.8	红黏土	45
9.9	填土	46

10 工程地质图表 ··· 48

10.1	一般规定	48
10.2	工程地质平面图	51
10.3	工程地质断面图	52
10.4	工点工程地质综合图表	53
10.5	工程地质柱状图、工程地质展示图	53
10.6	原位测试成果图表	54
10.7	室内试验成果图表	55
10.8	工程物探成果图表	55
10.9	其他图表	55

11 勘察报告装帧与编排 ··· 57

11.1	一般规定	57

11.2 勘察报告的封面、封面副页、扉页	58
11.3 勘察报告分册	58
11.4 图表号	60
附录 A 工程地质勘察总说明基本格式	61
附录 B 工点工程地质勘察报告基本格式	63
附录 C 公路工程地质分区的原则	64
附录 D 工程地质层代号	65
附录 E 图表示例	68
E.1 封面与副页、扉页	68
E.2 主要勘察人员名单	72
E.3 目录	73
E.4 图表标准图框	75
E.5 勘探点一览表	76
E.6 图例与符号	77
E.7 工程地质平面图	79
E.8 工程地质断面图	81
E.9 工点工程地质综合图表	88
E.10 钻孔工程地质柱状图	91
E.11 原位测试图表	92
E.12 室内试验图表	97
E.13 工程物探图表	103
本规程用词用语说明	107

1 总则

1.0.1 为适应公路工程建设的需要，规范公路工程地质勘察报告编制内容与格式，提高公路工程地质勘察报告的编制质量，制定本规程。

1.0.2 本规程适用于各级新建、改扩建公路路基、桥涵、隧道、路线交叉、沿线设施、筑路材料料场及弃土场、线外工程、连接线工程地质勘察报告的编制，不适用于沿线设施中房建工程的岩土工程勘察报告的编制。公路施工、运营、养护阶段的工程地质勘察报告编制宜按本规程的相关要求执行。

1.0.3 公路工程地质勘察报告应按勘察阶段、工程类型进行编制。

条文说明

本条中勘察阶段包括预可行性研究阶段、工程可行性研究阶段、初步设计阶段、施工图设计阶段等；工程类型主要指路基、桥涵、隧道、路线交叉、筑路材料料场及弃土场、线外工程、不良地质及特殊性岩土等。

1.0.4 公路工程地质勘察报告的编制除应符合本规程的规定外，尚应符合国家和行业现行有关强制性标准的规定。

2 术语和符号

2.1 术语

2.1.1 公路工程地质勘察报告　report of highway engineering geological investigation

通过对工程地质勘察资料进行系统地分析、评价，提出工程地质结论与工程建议，形成为公路工程建设服务的技术性文件，是工程地质勘察的最终产品。

2.1.2 标准冻结深度　standard frost penetration

非冻胀黏性土在地表平坦、裸露、城市之外的空旷场地中，不少于10年实测最大冻深的平均值。

2.1.3 工程地质评价　engineering geological evaluation

依据规范规程、理论原理和工程经验，通过全面分析工程地质条件，对特定工程对象涉及的工程地质问题进行系统分析、论证、预测的过程。

2.1.4 工程地质特征　engineering geological characteristics

岩、土、水的地质特征及工程性能。工程性能主要包括岩土的强度、变形及渗透性，同时也涉及与之相关的岩土的湿陷、膨胀、收缩、液化、冻胀、融沉、分散、软化、崩解、裂解及腐蚀性等。

2.1.5 工程地质层　engineering geological layer

同一地质时代、成因类型，具有相同或相近工程性能的岩土体，为公路工程地质勘察研究的基本单元。

2.1.6 岩土设计参数　geotechnical parameters

推荐应用于地基与基础、支挡、支护、锚固、防护、防水、排水等结构工程设计的岩土物理力学性质、变形性质指标或水文地质参数等。

2.1.7 工程地质分区　engineering geological zoning

对勘探范围内具有相似或相同地形地貌特征、岩土结构、岩性特征、工程性能的岩土体按特定要素进行划分的工程地质平面单元。

2.1.8 工程地质平面图 engineering geological map

反映勘察区工程地质平面要素,勘探点平面布置,工程地质分区及各类人工建(构)筑物的位置、类型的综合性图件。

2.1.9 工程地质断面图 engineering geological profile

反映工程场地地面以下一定方向、一定深度竖直面上岩、土、水的分布,以及结构及建(构)筑物而编制的图件。工程地质断面图分为工程地质纵断面、工程地质横断面。

2.1.10 工程地质柱状图 engineering geological logging

反映勘探点沿深度方向的岩土构成、地表水及地下水水位、岩土取样、试验测试及成果而编制的图件。工程地质柱状图分为钻孔地质柱状图、探井地质柱状图等。

2.1.11 采空区 goaf

地下固体矿床开采后的空间及可能由于开采造成围岩失稳而产生位移、开裂、破碎垮落,直到上覆岩层整体下沉、弯曲所引起的地表变形和破坏的区域。

2.1.12 地震液化 seismic liquefaction

震动过程中土层内孔隙水压力急剧上升,难以即时消散,导致土体抗剪强度大幅度降低的现象,多发生在饱和粉土和粉细砂中。

2.1.13 多年冻土 permafrost

冻结状态持续两年或两年以上、地温低于0℃含冰的岩土。

2.1.14 膨胀性岩土 expansive rock and soil

含有大量亲水性矿物,湿度变化时有较大的体积变化,变形受约束时产生较大内应力的岩土。

2.1.15 盐渍土 saline soil

易溶盐的含量大于0.3%,并具有溶陷、盐胀、腐蚀等工程性质的土体。

2.2 符号

2.2.1 岩土物理性质和颗粒组成符号:

DT——易溶盐含量;
d_{10}——有效粒径;
d_{50}——中间粒径;
e——孔隙比;

I_L——液性指数；

I_P——塑性指数；

n——孔隙率；

S_r——饱和度；

W_u——有机质含量；

w——含水率；

w_f——标准吸湿含水率；

w_L——液限；

w_P——塑限；

γ——重力密度（重度）；

ρ——质量密度（密度）；

ρ_d——干密度。

2.2.2 岩土的变形参数符号：

a——压缩系数；

C_c——压缩指数；

C_e——再压缩指数；

C_g——回弹指数；

C_h——水平固结系数；

C_v——垂直固结系数；

E——杨氏模量；

E_o——变形模量；

E_s——压缩模量；

P_c——先期固结压力；

P_{sh}——湿陷起始压力值。

2.2.3 岩土的强度参数符号：

c——黏聚力；

q_u——无侧限抗压强度；

R_c——岩石单轴饱和抗压强度；

φ——内摩擦角。

2.2.4 原位测试试验指标符号：

f_s——静力触探侧壁摩阻力；

N——标准贯入试验锤击数；

N_{10}——轻型圆锥动力触探锤击数；

$N_{63.5}$——重型圆锥动力触探锤击数；

N_{120}——超重型圆锥动力触探锤击数；
p_f——旁压试验临塑压力；
p_L——旁压试验极限压力；
p_o——载荷试验比例界限压力，旁压试验初始压力；
p_s——静力触探比贯入阻力；
p_u——载荷试验极限压力；
q_c——双桥静力触探锥尖阻力；
v_m——瑞雷面波波速；
v_p——纵波波速；
v_s——剪切波速。

2.2.5 水文地质参数符号：
K——渗透系数；
Q——流量、涌水量；
R——影响半径。

2.2.6 其他符号：
a_w——含水比；
BQ——岩体基本质量指标；
$[BQ]$——岩体基本质量指标修正值；
$[f_{a0}]$——地基承载力基本容许值；
F_s——自由膨胀率；
K_s——岩石软化系数；
K_v——岩体完整性系数；
P_p——膨胀力；
q_{ik}——桩侧土的摩阻力标准值；
S_t——灵敏度；
Δ——盐渍土地基分级溶陷量；
Δ_s——总湿陷量；
δ——变异系数；
δ_s——湿陷系数；
μ——泊松比；
σ——标准差；
ψ——统计修正系数。

3 基本规定

3.1 一般规定

3.1.1 高速公路、一级公路和二级公路建设项目工程地质勘察报告的编制应符合本规程的有关规定。三级公路和四级公路建设项目工程地质勘察报告的编制宜符合本规程的有关规定。

3.1.2 改扩建公路的工程地质勘察报告应综合分析和利用原有工程地质勘察资料,结合新增的勘察资料及工程运营阶段出现的新的工程地质问题,编制相应勘察阶段改扩建公路的工程地质勘察报告。

3.1.3 沿线设施中的房建工程地质勘察报告的编制应符合现行《岩土工程勘察规范》(GB 50021)的有关规定。

3.1.4 公路工程地质勘察报告应包括工程地质勘察总说明、工点工程地质勘察报告两种类型,均由文字报告、图表及相关附件组成。

条文说明
本条说明了公路工程地质勘察报告的主要类型及基本组成。总说明的编制与勘察阶段密切相关,而工点工程地质勘察报告的编制与工程类型、勘探方法、勘探工作量有直接关系。工点是指路基、桥涵、隧道、路线交叉、筑路材料料场及弃土场、不良地质与特殊性岩土等。

3.2 工程地质勘察总说明基本格式

3.2.1 工程地质勘察总说明应包括前言、自然地理概况、工程地质条件、总体工程地质评价、路线工程地质评价、路线走廊或路线方案工程地质比选、结论与建议、图表及附件,基本格式的具体内容编制宜符合本规程附录 A 的规定。

条文说明
路线走廊或路线方案工程地质比选适用于预、工可及初步工程地质勘察阶段的勘察报告。

3.2.2 前言应包括下列主要内容：

1 任务依据包括项目的工作依据、委托书或合同、前期工作概况等。

2 勘察目的与任务可根据拟建项目的设计阶段，结合项目特点和难点确定。

3 工程概况主要说明项目建设的意义，在区域路网中的地位，起终点位置坐标及里程桩号，途经的主要控制点，项目规模、技术指标，高填深挖路段、桥梁、隧道、立体交叉等重要工程的设置情况等。

4 技术标准与参考资料包括执行和参照的技术标准、有关的技术要求、收集的参考资料等。

5 勘察方法主要说明工程测量,工程地质测绘,勘探,原位测试,岩、土、水试验等,特别是新工艺、新方法、新设备和新技术的应用。

6 勘察工作量布置原则主要说明勘探点的布设间距、深度,取样、测试频率等。

7 勘察工作量主要说明外业计划工作量、完成工作量、利用前期资料及"三通一平"工作量情况等,一般采用表格形式表达。

8 勘察工作综述主要说明进出场时间,投入生产的人员、设备,资料完成、送审、提交时间等。

9 上阶段审查咨询意见的执行情况及简要说明。

条文说明

2 勘察目的对应于拟建工程的类型和勘察阶段,是总体勘察目标;勘察任务主要是指为满足勘察目的所需要开展的工作内容。

5 勘探包括钻探、工程物探及挖探、槽探等简易勘探。

3.2.3 自然地理概况应包括下列主要内容：

1 地理位置主要说明项目所处地理位置、行政区划、交通状况等,宜附交通位置图。

2 气象主要介绍勘察区的主要气候特点与气象信息、标准冻结深度等。

3 水文主要说明地表水及水系发育特征,与路线的关系等。

4 其他需要说明的事项包括项目涉及文物古迹、自然保护区、水源地、矿山、市政管网及规划等。

3.2.4 工程地质条件应包括下列主要内容：

1 地形地貌主要介绍勘察区所属公路自然区划,地形地貌类型、特征,山系的分布,地形的高差,植被的发育状况等。

2 地层岩性应按成因类型以地层时代从新到老的顺序说明勘察范围内地层的岩性及其组合、分布等。

3 地质构造主要说明区域地质构造及沿线地质构造的发育特征、分布及与路线的关系。断层的规模、活动性特征等，宜分别列表说明。

　　4 新构造运动与地震主要说明新近纪及第四纪以来的地质构造运动特征，区域内地震活动特征；依据现行《中国地震动参数区划图》(GB 18306)或地震安全性评价结果说明勘察区抗震设防烈度、地震动峰值加速度及地震反应谱特征周期。

　　5 水文地质主要说明勘察区宏观水文地质特征，特别是地下水的类型、赋存特征，补给、径流、排泄条件等。

　　6 不良地质与特殊性岩土主要说明全线不良地质类型、规模、发育特征和特殊性岩土类型、特征、埋藏条件等。

　　7 天然筑路材料应结合拟建公路具体情况，说明沿线可作为筑路材料料场的位置、材料种类及分布情况等。

3.2.5 总体工程地质评价应包括下列主要内容：

　　1 区域稳定性与适宜性从走廊带所处的区域地质构造单元、褶皱带及断裂带发育特征，特别是活动性断裂的分布、规模、性质、活动速率以及与地震活动、新构造运动的关系等方面论证。

　　2 工程地质特征评价主要包括下列内容：

　　1）工程地质层划分主要说明工程地质层划分原则、工程地质层代号编排规则与分层结果，工程地质分层结果可以采用列表叙述。工程地质层代号可按本规程附录B的规定编排。

　　2）工程地质层物理力学指标主要汇总岩、土、水试验和原位测试统计成果，并说明采用的数理统计方法及取值原则。宜列表展示。

　　3）工程地质层岩土设计参数主要提供各类地基土地基承载力基本容许值、桩侧土摩阻力标准值的确定原则与成果，以及挖方路段土石的工程分级成果等。可列表展示。

　　3 不良地质与特殊性岩土评价主要包括下列内容：

　　1）不良地质评价主要说明勘察区内的不良地质类型及相应评价结论综述。

　　2）特殊性岩土的工程地质评价主要对勘察区内的特殊性岩土类型及相应评价结论进行综述。

　　4 水、土腐蚀性评价主要根据土的分析成果及地表水、地下水水质分析成果，评价其对建筑材料的腐蚀性。

　　5 天然筑路材料评价主要对沿线筑路材料的类型、储量及质量、开采条件等进行评价。

　　6 环境工程地质问题评价主要对工程建设可能导致的工程地质灾害及环境地质问题进行评价。

　　条文说明

　　1 区域稳定性与适宜性是工程可行性研究和初步工程地质勘察阶段勘察报告的重点内容。

6 拟建工程的实施可能引发地质环境的变化,从而诱发新的工程地质问题,如隧道开挖引起水文地质条件的变化,不当取土、弃土或边坡开挖引发的地质病害,生态脆弱地区工程施工对环境的影响等。工程地质条件评价需要考虑工程建设与自然环境的相互影响,预测其变化规律,以期合理利用和改善地质环境,防止新的工程地质问题的发生。

3.2.6 路线工程地质评价应包括下列主要内容:

1 路线工程地质分区与评价应综合分析和评价各分区、亚区、路段的工程地质条件。路线工程地质分区应符合本规程附录C的有关规定。

2 路基工程地质评价包括一般路基、高路堤、陡坡路堤、高边坡或深路堑、支挡工程及河岸防护工程等路基工程的总体工程地质特征与评价,并列举典型工点进行说明。

3 桥涵工程地质评价主要说明桥涵工程的总体工程地质特征与评价,并列举典型工点进行具体说明。

4 隧道工程地质评价主要说明隧道工程的总体工程地质特征与评价,并列举典型工点进行具体说明。

5 路线交叉工程地质评价主要说明路线交叉工程的总体工程地质特征与评价,并列举典型工点进行具体说明。

6 沿线设施工程地质评价主要说明沿线设施工程的总体工程地质特征与评价,并列举典型工点进行具体说明。

7 线外工程地质评价主要说明线外工程的总体工程地质特征与评价,并列举典型工点进行具体说明。

8 连接线工程地质评价主要说明连接线工程的总体工程地质特征与评价,并列举典型工点进行具体说明。

条文说明

本条中的典型工点有3个方面的含义:①代表性工点,指工程规模相对较大的工点,如特大桥或大桥、特长隧道或长隧道;②特殊结构工点,如斜拉桥、悬索桥或拱桥、连拱隧道等;③工程地质条件复杂的工点,如地形复杂、不良地质、顺层边坡或存在特殊性岩土的工点。

3.2.7 路线走廊带或路线方案工程地质比选应从工程地质角度对路线走廊或路线方案进行比选,提出推荐路线走廊带或路线方案;对不能绕避的不良地质、特殊性岩土地段,提出处治措施建议。

3.2.8 结论与建议应包括下列主要内容:

1 全线工程地质条件综述。

2 区域稳定性与适宜性评价结论。

3 抗震设防烈度、抗震设计参数与分段。

4 勘察区的主要工程地质问题。
5 路线走廊或路线方案比选结论。
6 下阶段工作建议。

3.2.9 图表应包括下列主要类型：
1 勘探点一览表。
2 图例与符号。
3 路线工程地质平面图。
4 路线工程地质纵断面图。

3.2.10 附件可包括下列主要内容：
1 工程地质遥感解译报告。
2 专项工程地质调绘报告。
3 活动断裂勘察专题报告。
4 有关专题研究报告。
5 项目委托书或勘察合同、勘察大纲、技术要求等。
6 审查意见或审查会议纪要。
7 重要函电、任务变更单等。
8 工程照片。
9 其他。

条文说明
本条"附件"根据项目实际情况提供。

3.3 工点工程地质勘察报告基本格式

3.3.1 工点工程地质勘察报告应包括勘察概述、场地工程地质条件、工程地质特征与评价、结论与建议、图表及附件，基本格式的具体内容编制宜符合本规程附录B的规定。

3.3.2 勘察概述应包括下列主要内容：
1 工程概况包括工程类型、行政区划、测设里程、工程规模、工程结构、工程特征等。
2 工作概况主要说明勘察方法、完成工作量等。

3.3.3 场地工程地质条件应包括下列主要内容：
1 地形地貌重点说明场地地形地貌类型、地面高程，微地貌特征，天然或人工边坡的坡高、坡比、坡向等。

2 地层岩性应按成因类型以地层时代从新到老的顺序说明勘探深度范围内的地层岩性特征、分布范围、埋藏条件及其与拟建工程的关系等。

3 地质构造主要说明勘察范围内断层类型、规模、产状、活动性,断裂破碎带宽度、充填物及胶结程度,上下盘地层岩性、与拟建工程的关系等;褶皱的类型、规模、产状、拟建工程所处部位等;节理裂隙的分组、产状、性质;软弱结构面的特征、分布等。

4 地表水与地下水主要说明地表水特征、地下水类型,地下含水层的产出特征、富水性与透水性,地下水补给、径流、排泄条件、埋深及动态特征,水化学类型等。

5 不良地质与特殊性岩土重点描述场地内不良地质及特殊性岩土的类型、规模、分布及其与拟建工程的关系等。

条文说明
  3 节理可以采用节理玫瑰花图、节理极点图、等密度图表示。

3.3.4 工程地质特征与评价应包括下列主要内容:

1 工程地质层特征应根据工程地质测绘、钻探、简易勘探、工程物探等,并结合室内试验、原位测试成果,按照岩土的时代、成因类型及工程特征等对地层进行工程地质分层,并分层统计室内试验与原位测试成果。

2 工程地质评价内容包括:

1)场地稳定性评价应根据区域地质构造、地形地貌、不良地质发育特征,评价路基、桥涵、隧道等建设场地的稳定性。

2)场地地震效应主要包括抗震设防烈度、设计基本地震加速度、抗震地段类别、场地土类型、场地类别和特征周期。当地基中存在可液化土时,应进行地震液化判别;当地基中存在软土时,应评价软土震陷对地基基础的影响。

3)场地水、土对建筑材料的腐蚀性。

4)特殊性岩土工程地质评价主要对场地出现的特殊性岩土进行分类评价。

5)岩土设计参数包括地基或基础、基坑和边坡、支挡与防护、隧道支护等岩土工程设计所需的参数。

6)工程地质问题评价主要针对专门工程地质问题进行评价。

3 工程对策应针对不同工程分析论证基础选型、地基处理方案、路基边坡形式与防护方案、基坑支护方案以及运营期间可能需要的监测或养护方案、注意事项等。

条文说明
  1 工程地质层工程特征主要包括地层分布的均匀性,黏性土的状态、压缩性,砂土、粉土的密实度,岩石的风化程度、坚硬程度、软化性能,岩体的完整性等。
  2 勘察报告应该针对具体工程对象提供满足设计需要的岩土设计参数。不同工程类型可能遇到不同工程地质问题,如:路基工程中地基、边坡的稳定性;桥梁工程中的墩台及岸坡的稳定性、冲刷及基础墩柱的防撞设计;隧道进出口及边仰坡的稳定性、偏压,隧道掘进过程中的大塌方、大变形、突水涌水、岩爆、有害气体、地温异常、放射性异常,排水弃渣可能导致的环境工程地质问题;滑坡稳定性分析计算等。工程地质评价应该说明评价所依据的规范条文或原理、工程经验,岩土工程分析评价的环境条件、参数、结论。

  3 工程对策是工程地质勘察工作的进一步延伸,视工程难易程度、工程规模、重要程度、用户需求,采取定性分析或定量计算的方式对拟建工程地基基础方案、地基处理方案、支挡锚固方案、降水排水方案、地基监测方案、环境整治方案、施工注意事项等提出合理建议。

3.3.5 结论与建议应根据场地工程地质条件、工程类型与规模等综合提出,宜包括下列主要内容:
  1 工程地质条件综述,包括场地的标准冻结深度。
  2 场地稳定性及适宜性。
  3 场地抗震地段、场地类别、地震动参数、抗震设防等结论。
  4 水、土对建筑材料的腐蚀性评价结论。
  5 特殊性岩土评价结论。
  6 岩土设计参数。
  7 工程地质问题评价结论。
  8 工程对策论证结论。
  9 下阶段工作建议。

条文说明
  上述内容根据工程实际和勘察阶段具体选择。

3.3.6 图表应根据工程类型,结合勘探方法选择,并满足工程需要。图表主要包括下列类型:
  1 工程地质平面图。
  2 工程地质纵断面图。
  3 工程地质横断面图。
  4 钻孔、探坑地质柱状图及探槽展示图。
  5 原位测试成果图表。
  6 工程物探成果图表。
  7 岩、土、水试验汇总表。
  8 其他图表。

3.3.7 附件应根据工点现场勘探、测试的实际情况提供,包括下列主要内容:
  1 专项水文地质勘察报告。

2 专项岩土测试报告。
3 地应力测试报告。
4 工程照片。

3.3.8 对工程地质条件简单的中小型工点,工程地质勘察报告可采用多勘探点工程地质综合图表、单勘探点工程地质综合图表或工点工程地质评价汇总表三种形式说明,每种形式均应附相关图表和附件。

1 多勘探点工程地质综合图表适用于有两个或两个以上勘探点的中、小型工点,内容包括工程地质勘察简要文字报告、工程地质平面图和工程地质断面图,其简要文字说明内容如下:

1)概况主要说明拟建工程所处行政区划、里程桩号,工点类型、结构形式、规模,勘察方法与手段、完成工作量和利用前期资料情况,拟建工程所处地形地貌类型、水文与水文地质条件、地质构造等。

2)岩土工程地质特征主要说明各工程地质层主要特征、主要物理力学性质指标,岩土设计参数。

3)结论与建议主要说明场地工程地质条件的综合分析结论,不良地质、特殊性岩土工程地质评价结论及工程建议,地震动参数与抗震设防结论,水、土对建筑材料的腐蚀性评价结论,地基处理方式、基础类型、持力层及防护工程措施建议等。

2 单勘探点工程地质综合图表适用于仅有一个勘探点的小型工点,图表内容应包括工程地质勘察简要文字报告和单孔柱状图,其简要文字报告同多勘探点工程地质综合图表。

3 工点工程地质评价汇总表主要包括序号、工点名称或编号、勘探揭示的工程地质层特征、地基土的承载力基本值、推荐的基础形式及地基处理方式等。

4 原始资料

4.1 一般规定

4.1.1 原始资料应包括勘察过程中形成的前期资料、收集资料、现场勘察资料、室内试验资料、专项报告、管理资料等。

4.1.2 原始资料应经过现场技术人员核查,确认资料的真实性、完整性。

4.1.3 原始资料应按资料类别整理、编号,并装订成册。

4.1.4 收集资料应注明来源。

4.1.5 应将原始资料、正式勘察报告及电子文档一起按相关规定归档。

4.2 基本内容

4.2.1 前期资料应包括该项目前期阶段的工程地质勘察成果、专项研究报告等。

4.2.2 收集资料应包括与勘察项目有关的人文地理资料、气象水文资料、环境地质资料、区域地质资料、矿产地质资料、遥感影像等。

4.2.3 现场勘察资料应包括现场勘察过程中形成的工程测量、工程地质调绘、钻探、工程物探、简易勘探及原位测试资料。

条文说明

现场勘察资料主要指工程测量记录,工程地质调绘过程中的文字记录、标本、影像、素描,现场钻探、工程物探、简易勘探过程中的班报表、地质编录、岩芯影像、取样送样记录、勘探孔的回填和封孔记录,原位测试试验记录,物探现场记录、原始曲线和数据记录,主要来源于现场勘察活动过程中,为勘察活动的第一手资料。

4.2.4 室内试验资料应包括来样登记表、开土鉴定表、各种试验过程记录表格、曲线、计算书、岩土试验报告或汇总表等。

条文说明

室内试验资料来源于试验室,为试验活动的第一手资料或成果。

4.2.5 专项报告应包含文字说明和图表,主要指地震安全性评价报告,岩溶洞室稳定性研究报告,隧址区水文地质专项研究报告,煤层瓦斯专项评价报告,现场直接剪切试验、现场平板载荷试验、地应力测试试验报告,地下水位观测记录、变形观测记录报告等。

条文说明

专项报告是为解决专门工程地质、环境地质问题而提供的勘察、测试试验、研究和监测报告。

4.2.6 管理资料应包括勘察过程中各种质量管理文件与记录。

条文说明

质量管理文件与记录主要指项目合同、工作大纲、质量管理记录、业主和设计单位有关要求及来往函件、互提资料单、各级检查验收纪要、文件出版签字盖章和保密手续、文件归档及移交手续等。互提资料单是相关单位之间资料传递的主要控制依据,相关责任人签字确认,具有可追溯性。

5 可行性研究工程地质勘察报告

5.1 一般规定

5.1.1 可行性研究工程地质勘察报告分为预可工程地质勘察报告和工可工程地质勘察报告。

5.1.2 可行性研究应对收集的资料、遥感工程地质解译、现场踏勘调查或工程地质调绘和必要的工程地质勘探资料进行整理分析,满足可行性研究报告编制需要。

5.1.3 影响路线方案的控制性工程及不良地质与特殊性岩土应编制相应的工点报告。

5.1.4 可行性研究的工程地质勘察报告应由文字报告、图表和相关附件组成,应符合本规程第3章的有关规定。

5.2 报告编制

5.2.1 可行性研究工程地质勘察报告的编制应反映建设项目各路线走廊带或路线方案的工程地质条件和主要工程地质问题,侧重于宏观地质条件的比对。

5.2.2 总说明的文字报告应包括下列主要内容:
1 自然地理主要包括地理位置、气象、水文等。
2 地形地貌主要说明项目区或走廊带的地形起伏、高差、地貌类型及分布等。
3 地层岩性主要说明地层时代、岩性组成及其分布、埋藏特征等。
4 地质构造主要说明区域地质构造、新构造运动、地震动参数等,特别应说明深大断裂构造对路线走廊、大型构筑物的影响。
5 水文地质主要说明地下水类型、分布、埋藏及补给、径流、排泄条件等。
6 不良地质与特殊性岩土主要说明大型不良地质与主要特殊性岩土类型、性质、分布范围、发育特征及其对公路工程的影响和绕避的可能性。
7 路线工程地质条件概略评价主要根据各路线走廊带或路线方案沿线的地形地貌、地层岩性、地质构造、水文地质条件、不良地质、特殊性岩土等综合评价走廊带及方案的工程地质条件,提出推荐路线走廊带。

8 典型工点的工程地质条件及评价应主要对控制性工程的工程地质条件进行概略评述。

条文说明

控制性工程是指在一个公路工程项目中控制工程方案、建设规模、造价的工程,如路线难以绕避的大型滑坡等不良地质,分布广、厚度大的软土等特殊性岩土地带,悬索桥、斜拉桥等技术复杂的特大桥,地质条件复杂的特长隧道,跨江、跨海独立公路工程项目等。这些工程一般具有建设规模大、技术复杂、实施难度大的特点。

5.2.3 工点工程地质勘察报告的编制应符合本规程第3.3节的有关规定。

6 初步工程地质勘察报告

6.1 一般规定

6.1.1 初步工程地质勘察报告应由总说明及路基工程、桥涵工程、隧道工程、路线交叉工程、沿线设施工程、沿线筑路材料料场及弃土场、线外工程、连接线等勘察报告组成。

条文说明

　　初步工程地质勘察报告是对初步工程地质勘察阶段的工程地质测绘、钻探、挖探、工程物探、岩、土、水试验及原位测试等手段获取的地质资料和工程可行性研究阶段地质资料进行综合分析,初步阐明公路沿线及各类公路工程建设场地工程地质条件,为编制初步设计文件提供地质依据。

6.1.2 初步工程地质勘察报告宜按勘察设计合同标段编制。

6.1.3 初步工程地质勘察报告应由文字报告、图表和相关附件组成,并符合本规程第3章的有关规定。

6.2 总说明

6.2.1 总说明的文字报告应包括下列主要内容:
　　1 基本阐明各路线方案沿线地形地貌、地层岩性、地质构造、水文地质、不良地质与特殊性岩土等工程地质条件。
　　2 根据工程地质条件及岩土工程特性进行路线工程地质分区,阐明各分区的工程地质特征,并结合岩土的工程性能、不良地质与特殊性岩土特征进行工程地质评价。
　　3 典型工点的工程地质特征与评价。
　　4 根据各路线方案的工程地质条件和不良地质与特殊性岩土发育特征进行工程地质评价;对路线方案进行工程地质比选。
　　5 对不能绕避的不良地质、特殊性岩土地段,提出初步处治措施建议。
　　6 初步分析预测工程建设可能引发的环境工程地质问题。
　　7 下阶段工作建议。

6.3 路基工程

6.3.1 路基工程地质勘察报告应按一般路基、高路堤、陡坡路堤、高边坡或深路堑、支挡工程、河岸防护工程等分类编制。

6.3.2 一般路基工程地质勘察报告的文字报告应阐明路基段落内的工程地质条件,工程地质特征与评价中应提供工程地质层的物理力学性质参数及工程特性。

条文说明
　　一般路基是指不需要进行专门设计的路基工程,通常无须编制工点工程地质勘察报告,工程地质评价在工程地质分区评价表中体现,如另有规定或需求,也可编制工点工程地质勘察报告。

6.3.3 高路堤工程地质勘察报告的文字报告应包括下列主要内容：
　　1 综合分析评述地基土工程地质层特征,特别是特殊性岩土发育特征。
　　2 重点分析地基土的固结指标、抗剪强度指标,提供地基变形、稳定性验算及支挡设计所需的岩土设计参数。
　　3 地基稳定性评价主要分析、评估地基的稳定程度,以及路堤产生滑移失稳的风险。
　　4 地基沉降分析主要评估路堤填筑及地表水、地下水位变化等可能导致的沉降、不均匀沉降的风险等。
　　5 论证分析地基处理的必要性,进行地基处理方案的比选,提供推荐方案。

6.3.4 陡坡路堤工程地质勘察报告的文字报告应包括下列主要内容：
　　1 综合分析评述陡坡路段地层结构、松散堆积层物理力学性质、基岩面起伏状况、岩层产状及软弱层发育特征等,并提供路堤稳定性验算所需的岩土设计参数。
　　2 路堤的稳定性评价主要分析、评估陡坡路堤沿斜坡或地基潜在滑动面产生滑移的风险,并考虑地表水、地下水的影响。
　　3 特殊性岩土对边坡稳定性、地基的影响及相应的工程措施。
　　4 对挖方材料应用于路基填筑的可能性进行分析评价。

6.3.5 高边坡或深路堑工程地质勘察报告的文字报告应包括下列主要内容：
　　1 综合分析评述开挖边坡上部松散堆积层物理力学性质、基岩面起伏状况、岩层结构面产状及软弱层发育特征等,并提供高边坡或深路堑岩土设计参数。
　　2 根据地下水发育特征分析评价地下水对路基和边坡稳定性的影响;必要时根据本地区极端气温分析产生涎流冰的可能性。
　　3 结合工程地质层特征、结构面产状和特征、结构面或软弱夹层与开挖坡面组合关系、岩土和结构面的物理力学参数,分析评价高边坡或深路堑两侧边坡稳定性,并提供边坡设计建议。

4 特殊性岩土对边坡稳定性、地基的影响及相应的工程措施。

5 对挖方材料应用于路基填筑的可能性进行分析评价。

6.3.6 支挡工程工程地质勘察报告的文字报告应包括下列主要内容:

1 综合分析评述地基土工程地质层特征。

2 岩土设计参数主要包括岩土和结构面的物理力学参数、支挡工程地基土的承载力和支挡锚固设计参数。

3 根据地下水发育特征评价地下水对支挡结构稳定性的影响。

4 特殊性岩土涉及的地基基础设计问题及工程措施。

6.3.7 河岸防护工程工程地质勘察报告的文字报告应包括下列主要内容:

1 工程概况除说明工程类型、规模等以外,宜同时说明既有河岸防护工程的设计与使用情况。

2 场地工程地质条件主要包括下列内容:

1）地形地貌主要说明河道、上下游地形地貌及岸坡的微地貌特征。

2）地层岩性重点说明防护工程及导流工程设置部位的地层岩性与结构。

3）水文主要说明河岸防护路段水力特征,洪水、枯水位高程,河流的冲淤与河道变迁规律等。

3 工程地质特征与评价主要包括下列内容:

1）岩土设计参数主要包括河流水文计算的相关参数,岩土和结构面的物理力学参数,各工程地质层地基承载力,推荐基础持力层与基础形式等。

2）岸坡稳定性评价应结合工程地质层特征、结构面产状与软弱夹层特征、河流水力特征与岸坡走向关系等,综合分析评价近河、沿河岸坡存在滑移、坍塌的风险。

6.3.8 结论与建议应包括下列主要内容:

1 工程地质条件综述,包括场地的标准冻结深度、土石工程分级等。

2 场地稳定性及适宜性的评价结论。

3 场地抗震地段、场地类别、地震动参数、抗震设防等结论。

4 水、土对建筑材料的腐蚀性评价结论。

5 特殊性岩土评价结论。

6 岩土设计参数主要包括压缩固结指标、抗剪强度指标、地基土的承载力、支挡与锚固设计参数等。

7 工程地质问题评价结论主要说明地基、边坡的稳定性,路堤滑移与地基产生不均匀沉降的可能性等。

8 工程对策主要包括基础选型、地基处理方案、路基边坡形式、河岸防护工程的类型、支挡锚固方案等论证结论。

9 下阶段工作建议。

6.4 桥涵工程

6.4.1 桥涵工程地质勘察报告应按一般桥涵和特殊结构桥梁要求分别编制。

条文说明

随着我国桥梁设计、建设水平的不断提高，以及新工艺和新材料的使用，新的桥梁结构形式得到了广泛应用，相应地对桥梁工程地质勘察报告提出了不同的要求。为此，本规程将桥涵工程按桥涵结构划分为一般桥涵和特殊结构桥梁，并相应地提出了勘察报告编制的相关要求。一般桥涵包括常规结构的特大桥、大桥、中桥、小桥及涵洞等，特殊结构桥梁主要是指悬索桥、斜拉桥、大跨径拱桥、大跨径连续梁、连续刚构及组合体系桥等。

6.4.2 一般桥涵工程地质勘察报告的文字报告应包括下列主要内容：
1 工程地质评价主要包括下列内容：
1）分析评价桥址区场地的稳定性及适宜性。
2）桥梁墩台边坡、岸坡的稳定性评价。
3）提供各工程地质层的岩土设计参数。
4）桥梁基础类型及持力层的选择。
5）基础施工可能遇到的工程地质问题及对策。
2 结论与建议主要包括下列内容：
1）桥址工程地质条件综述，包括场地的标准冻结深度等。
2）桥梁场地稳定性和适宜性的评价结论。
3）场地抗震地段、场地类别、地震动参数、抗震设防等结论。
4）水、土对建筑材料的腐蚀性。
5）特殊性岩土工程地质评价结论及工程处治措施建议。
6）岩土设计参数主要包括压缩指标、抗剪强度指标、地基土的承载力等。
7）工程地质问题评价结论主要说明墩台边坡、岸坡的稳定性、基础冲刷及墩柱的防撞问题等。
8）对墩台位置、基础持力层及基础形式及防护工程的建议。
9）对下一阶段勘察工作的建议。

6.4.3 特殊结构桥梁工程地质勘察报告的文字报告除应满足本规程第6.4.2条外，尚应阐明下列内容：
1 对于跨海、跨江、跨河的桥梁提供海域、江河概况，潮汐、暗涌、风向风力、深泓变化情况、河床与岸坡演变及稳定分析、水文情况(流速、流量、流向、最高洪水位、水温)、通航情况等;对深切峡谷的桥梁提供峡谷地形特征、垂直高差、斜坡岩土及其结构构造特征,岸坡稳定性、场地稳定性等。

2 提供满足桥梁主墩、锚碇基础基坑设计的相关岩土设计参数、水文地质参数;当锚碇采用隧道锚时,应提供锚室围岩分级及岩土设计参数,并满足隧道掘进过程中对防水、排水设计的要求。

3 对于大跨径拱桥应评价拱座地基的均匀性,承载能力及基础施工可能遇到的边坡支护,基坑防水、降水等方面的工程问题。

4 对连续刚构梁桥应分析、评价桥梁地基的均匀性。

5 对于采用特殊工艺施工的项目,勘察评价范围应涵盖项目实施过程可能涉及的全部工程场地及工程地质问题。

6.5 隧道工程

6.5.1 隧道工程地质勘察报告的文字报告应主要阐明隧址工程地质条件、隧址工程地质特征与评价、工程对策及结论与建议。

6.5.2 隧址工程地质条件应主要阐明下列内容:
1 气象主要说明气候类型,降雨量、蒸发量、气温特征值等。
2 地形地貌主要说明地形地貌特征、地貌单元等。
3 地层岩性主要包括地层成因、时代、岩性组合、接触关系及平面分布等。
4 地质构造中,对于断裂构造,主要阐明断裂编号、性质、产状、活动性、断裂带宽度、断层破碎带特征或胶结情况及与隧道的关系,断裂带富水性、透水性等;对于褶皱,主要阐明褶皱核部及两翼地层、岩层产状、褶皱形态及与隧道轴线的关系等;对于其他构造,主要阐明节理裂隙及其他结构面分布及特征。
5 地下水与地表水主要说明地下水类型、含水层与隔水层特征;含水层的厚度、埋深、分布范围、富水性与透水性;地表水的平面分布,地下水位、地下水动态变化规律、补给、径流、排泄条件;隧址区井、泉分布及与隧道的关系。
6 不良地质与特殊性岩土主要说明不良地质与特殊性岩土的发育特征、平面分布及埋藏条件。

6.5.3 隧址工程地质特征与评价应主要阐明下列内容:
1 隧址工程地质层的特征主要包括工程地质分层特征、室内试验及原位测试成果等。
2 隧址工程地质评价主要包括下列内容:
1)隧址稳定性分析评价主要指隧道进出口斜坡的稳定性,并分析评价进出口沟谷发生地质灾害的可能性及对隧道安全运营的危害。
2)场地地震效应主要包括场地土类型、场地类别和抗震设防基本参数等。

3）特殊性岩土主要根据特殊性岩土的工程特征，评价其对隧道开挖、衬砌结构的影响。

4）场地水、土对建筑材料的腐蚀性。

5）隧道围岩分级应符合现行《公路隧道设计规范》（JTG D70）的有关规定。

6）岩土设计参数主要包括隧道支护设计的各级围岩物理力学参数、进出口段地基的承载力基本值、边仰坡防护支护设计相关参数等。

7）隧道进出口工程地质评价主要指对进出口段边仰坡的稳定性进行评价。

8）隧道涌水量预测，提供分段预测正常涌水量及最大涌水量。

9）隧道弃渣利用主要指对隧道弃渣作为路堤填料的适宜性进行评价。

10）隧道工程地质问题评价主要针对与隧道有关的不良地质、特殊性岩土及隧道掘进中可能遇到的塌方、大变形、岩爆、洞室偏压、流泥、突水涌水、有害气体、放射性、高地温等问题的分析预测。同时隧道工程地质问题与隧道掘进工法密切相关，岩土工程评价应该有针对性。

条文说明

2 主要根据隧道所处的水文地质单元或地下水类型（包气带水、潜水、承压水）及含水层的边界条件（地层接触带、岩溶发育带、断层带等），选用相应的计算方法，结合隧道围岩的赋水、透水性等条件对隧道涌水量进行预测。

6.5.4 工程对策应主要阐明隧道掘进过程中可能遇到的工程地质问题，并提出初步工程措施。

6.5.5 结论与建议应包括下列主要内容：

1 隧址工程地质条件综述。

2 隧址稳定性与适宜性的评价结论。

3 隧道进出口稳定性评价结论。

4 隧道围岩级别划分结论，提供各级围岩长度和占比。

5 隧道涌水量预测结论。

6 特殊性岩土工程地质评价结论及初步工程处治建议。

7 工程地质问题的评价、预测结论及初步工程措施建议。

8 水、土对建筑材料的腐蚀性评价结论。

9 弃渣作为路基填料的适宜性。

10 勘察需要说明的问题及对下阶段工作的建议。

6.5.6 辅助通道工程地质特征与评价应符合本规程第6.5.3～6.5.5条的有关规定。

条文说明

辅助通道主要包括竖井、斜井、平行导坑等。

6.5.7 图表、附件除应满足本规程第 3.3 节要求外,尚应包括下列内容：
1 隧道洞口工程地质平面图。
2 辅助通道工程纵断面图。
3 隧道进、出口工程地质纵断面图。
4 隧道洞身工程地质横断面图。
5 隧道进出口工程地质横断面图。
6 水文地质试验成果图表及曲线。
7 测井成果资料。
8 地应力测试成果资料。
9 其他。

6.6 路线交叉工程

6.6.1 路线交叉工程的路基、桥涵及隧道工程的工程地质勘察报告编制应按本章的有关规定执行。

6.7 沿线设施工程

6.7.1 沿线设施工程中房建工程地质勘察报告的编制应符合现行《岩土工程勘察规范》(GB 50021)的有关规定,其他工程的工程地质勘察报告编制应按本章的有关规定执行。

6.8 沿线筑路材料料场及弃土场

6.8.1 沿线筑路材料料场工程地质勘察报告的文字报告应包括下列主要内容：
1 勘察概况主要说明勘察任务、行政区划、料场位置、勘探工作量,勘探与取样、材料试验情况等。
2 沿线筑路材料料场工程地质条件主要说明料场所处地形地貌、地层岩性、地质构造、不良地质,地下水位、地下水类型、水质等。
3 工程地质特征与评价主要包括下列内容：
1) 筑路材料料场的工程地质分层及特征。
2) 材料质量评价主要指材料路用性质的评价等。
3) 材料储量计算。

4)料场开采条件评价：

——材料埋藏条件主要说明拟开采层的分布范围、埋藏特征、覆盖层岩性及厚度等；

——开采条件评价主要从机械开采可能性、适宜开采季节、地下水的影响等方面进行评价；

——运输条件评价主要从现有交通条件、运输方式、运输里程、上路桩号等方面进行评价；

——环境评价主要对料场开采后环境变化、采坑边坡的稳定性等进行评价。

4 结论与建议主要包括下列内容：

1) 料场材料的可用性综合分析结论。

2) 料场可用材料的开采面积、厚度、储量及开采深度等。

3) 料场的材料质量评价结论及改良措施建议。

4) 采坑边坡稳定性结论及防护工程措施建议。

5) 采坑开发利用的建议。

6) 其他需要说明的结论及建议。

5 图表、附件除应满足本规程第3.3节的规定外，尚应包括：

1) 料场分布平面图。

2) 材料试验成果汇总表。

3) 其他。

条文说明

3 报告中除提供各种土、石料的有关材料试验指标外，还要进行工程地质特征评价。

6.8.2 弃土场工程地质勘察报告的文字报告应包括下列主要内容：

1 勘察概况主要说明弃土场位置、行政区划、勘探工作量,勘探与取样、试验情况。

2 场地工程地质条件主要说明地形地貌、地层岩性、地质构造、不良地质与特殊性岩土,地下水位、地下水类型、水质等。

3 工程地质特征与评价主要包括下列内容：

1) 工程地质分层特征主要说明地基土室内试验、原位试验统计结果等。

2) 地基土的工程性能评价。

3) 岩土设计参数。

4) 地基的稳定性评价可根据岩土设计参数、堆载荷重,分析计算弃土场地基稳定性。

5) 环境评价主要对弃土场堆载后可能引起的环境地质问题进行预测评价。

6) 弃土场地基处理措施与环境地质问题预防措施。

4 结论与建议主要包括下列内容：

1) 弃土场地基稳定性、环境地质问题及工程措施。

2) 弃土场开发利用的建议。

3) 其他说明。

6.9 线外工程

6.9.1 线外工程主要包括改路、改河、改沟、改渠等。

6.9.2 改路工程的路基、桥涵及隧道等工程的工程地质勘察报告编制应按本章的有关规定执行。

6.9.3 改河、改沟、改渠工程勘察报告的文字报告应主要阐明下列内容：
 1 工程概况主要说明改河、改沟、改渠工程的目的、规模,与原河、原沟、原渠的空间关系及与拟建路线的关系等。
 2 场地工程地质条件主要包括下列内容：
 1)地形地貌主要说明改河、改沟、改渠地段及其上下游的地形地貌特征等。
 2)地层岩性主要说明改河、改沟、改渠的地层岩性、结构等。
 3 工程地质特征与评价主要说明改河、改沟、改渠范围内工程地质层的物理力学参数,土、石工程分级;重点评价沿河岸坡存在滑移、坍塌的可能性;推荐岸坡的形式,并提出岸坡防护建议。
 4 结论与建议主要说明改河、改沟、改渠地段工程实施后岸坡的稳定性评价结论、河岸防护工程的类型、基础形式及推荐基础持力层建议等。

6.10 连接线

6.10.1 连接线初步工程地质勘察报告应包括连接线总说明和工点工程地质勘察报告。

6.10.2 连接线的路基、桥涵及隧道工程的工程地质勘察报告编制应按本章的有关规定执行。

7 详细工程地质勘察报告

7.1 一般规定

7.1.1 详细工程地质勘察报告应由总说明及路基工程、桥涵工程、隧道工程、路线交叉工程、沿线设施工程、沿线筑路材料料场及弃土场、线外工程、连接线等工程地质勘察报告组成。

条文说明

详细工程地质勘察报告是在初步工程地质勘察报告基础上的深化和细化。报告编制应以初步设计批复且经优化的路线为对象,在初步工程地质勘察成果的基础上详细阐明拟建工程的工程地质条件及岩土的工程地质特征;提供满足施工图设计的各类公路工程、弃土场、不良地质与特殊性岩土场地及地基稳定性设计所需要的岩土设计参数,筑路材料储量;评价各类公路工程的建设条件、涉及的工程地质问题以及筑路材料的开采、利用、运输条件,并提出相应的工程对策。

7.1.2 详细工程地质勘察报告宜按施工合同标段编制。

条文说明

在施工图设计阶段,一般把勘察设计路段划分为若干施工合同标段。为了便于施工管理和应用,设计文件一般按施工合同标段编制,因此详细工程地质勘察报告宜按照施工合同标段编制,与设计文件对应、配套。

7.1.3 详细工程地质勘察报告应由文字报告、图表和相关的附件组成,并符合本规程第3章和第6章的有关规定。

7.2 总说明

7.2.1 总说明的文字报告应主要阐明下列内容:

1 详细阐明沿线地形地貌、地层岩性、地质构造、水文地质条件、不良地质与特殊性岩土等。

2 进一步阐明拟建公路涉及的工程地质层的工程地质特征。

3 分析预测工程建设可能引发的环境工程地质问题及注意事项。

7.3 路基工程

7.3.1 路基工程地质勘察报告应按一般路基、高路堤、陡坡路堤、高边坡或深路堑、支挡工程、河岸防护工程等分类编制。

7.3.2 一般路基工程地质勘察报告的文字报告应阐明路基段落内的工程地质条件，工程地质层特征与评价中应提供工程地质层的物理力学性质指标、工程特性及岩土设计参数。

7.3.3 高路堤工程地质勘察报告的文字报告应重点阐明下列内容：
1 在初步勘察资料的基础上，进一步分析地基土的工程性质，特别是压缩性能和抗剪性能，提供地基沉降变形及稳定性计算所需的岩土设计参数。
2 分析评价填筑路堤变形和稳定性，提出地基处理及施工措施建议。
3 分析评价与工程地质有关的重大风险点，并提出工程对策建议。

7.3.4 陡坡路堤工程地质勘察报告的文字报告应重点阐明下列内容：
1 重点分析评价陡坡路堤沿坡面和地基土潜在滑移面失稳的风险。
2 根据分析评价结论对路堤地基设计提出建议。
3 分析评价与工程地质有关的重大风险点，并提出工程对策建议。

7.3.5 高边坡或深路堑工程地质勘察报告的文字报告应重点阐明下列内容：
1 在初步勘察资料的基础上，综合分析评价高边坡或深路堑挖方边坡的稳定性。
2 根据分析评价结论对挖方边坡的设计提出建议。
3 根据地表水、地下水发育情况提出截、排水设计建议。
4 分析评价与工程地质有关的重大风险点，并提出工程对策建议。

7.3.6 支挡工程工程地质勘察报告的文字报告应重点阐明下列内容：
1 重点分析支挡工程地基土物理力学性质，提供地基承载力基本容许值、坡体稳定性计算及支挡锚固设计所需的岩土设计参数。
2 提出基础形式和持力层建议。
3 分析评价与工程地质有关的重大风险点，并提出工程对策建议。

7.3.7 河岸防护工程工程地质勘察报告的文字报告应重点阐明下列内容：
1 重点说明河流在防护路段的水力特征和河岸岩土体的防冲刷能力，综合分析河流岸坡的稳定性。
2 分析河水的冲刷深度，提出河岸防护工程基础埋置深度、基础形式及持力层建议。

3 分析评价与工程地质有关的重大风险点,并提出工程对策建议。

7.4 桥涵工程

7.4.1 桥涵工程地质勘察报告应按一般桥涵和特殊结构桥梁要求分别编制。

7.4.2 一般桥涵工程地质勘察报告的文字报告应重点阐明下列内容:
1 场地的不良地质与特殊性岩土的类型、分布、程度。
2 地基土工程地质分层、工程地质特征。
3 工程地质层物理力学指标。
4 抗震设计的有关参数、液化判定。
5 地基土及地表水、地下水对建筑材料的腐蚀性。
6 岩土设计参数。
7 桥梁墩台边坡及岸坡的稳定性。
8 桥涵地基基础持力层及基础方案。
9 需进行地基处理时,应提出地基处理建议及注意事项。
10 对地基基础施工过程中可能遇到的岩土工程问题及环境问题提出对策建议。
11 图表应在初步工程地质勘察工程地质图表的基础上,补充详细工程地质勘察的成果资料,必要时按墩台提供地质图件。

7.4.3 特殊结构桥梁工程地质勘察报告的文字报告应重点阐明下列内容:
1 对大跨径梁桥的主桥墩、大跨径拱桥的主拱座、斜拉桥的塔基和悬索桥的塔基及锚碇基础工程地质条件应有专门章节论述。
2 基础及其影响范围内各工程地质层的特征、岩土体及其结构面的工程特征、水文地质条件等对地基开挖及基础稳定性的影响及工程地质评价,桩基持力层的选择。
3 地基沉降变形及基础、基坑稳定性计算参数。
4 当悬索桥锚碇采用隧道锚时,尚应对锚室围岩进行分级,并提供隧道支护设计及防水、排水设计所需的围岩设计参数。
5 悬索桥锚碇区各含水层的渗透性及涌水量等水文地质参数,并提出基坑支护和基坑降水方案的建议和措施。
6 斜拉桥宜按主墩、过渡墩、辅助墩、两侧引桥分别统计各工程地质层的物理力学指标。
7 应对桥梁施工过程中的地质风险提出相应的工程建议。

条文说明
2 基础影响范围内岩石地层的工程地质评价包括风化状态、坚硬程度、完整程度、基本质量等级、岩层及其结构面的工程特征、承载力等内容,必要时结合赤平投影图说明结构面产状对工程的影响。

3 地基沉降变形参数考虑其应力历史;基础、基坑稳定性计算参数包括剪切强度、基底摩擦系数、基床系数、静止侧压力系数、地基土水平抗力系数的比例系数及水文地质参数等。

5 悬索桥锚碇区(主要是重力锚)的水文地质参数主要是通过抽水试验获得的渗透系数、涌水量、影响半径等;在岩石裂隙发育工程地质层通过压水试验获取水文地质参数。

7.5 隧道工程

7.5.1 隧道工程地质勘察报告的文字报告应重点阐明下列内容:
1 勘探方法与手段、勘探点数量、勘探工作量。
2 岩土物理力学指标及水文地质参数。
3 工程地质评价主要对隧道的围岩进行分级。
4 特殊性岩土、隧道进出口及边坡仰坡的稳定性评价。
5 估算隧道地下水涌水量。
6 评价施工中围岩的稳定性。
7 针对隧道施工工法提供满足设计、施工需要的岩土工程参数。
8 分析评价设计施工过程中可能遇到的工程地质及环境地质问题,提出工程对策与建议。

7.6 路线交叉工程

7.6.1 路线交叉工程的路基、桥涵及隧道工程的工程地质勘察报告编制应按本章的有关规定执行。

7.7 沿线设施工程

7.7.1 沿线设施工程中房建工程地质勘察报告的编制应符合现行《岩土工程勘察规范》(GB 50021)的有关规定,其他工程的工程地质勘察报告编制应按本章的有关规定执行。

7.8 沿线筑路材料料场及弃土场

7.8.1 沿线筑路材料料场工程地质勘察报告重点对材料质量和数量做出定量评价,对取土后边坡稳定性进行评价,并对取土后的场地绿化环保提出建议。

7.8.2 弃土场工程地质勘察报告应重点对堆载后地基的稳定性作出定量分析与评价,

并对弃土场的后期改造利用和绿化环保提出建议。

7.9 线外工程

7.9.1 线外工程主要包括改路、改河、改沟、改渠等。

7.9.2 改路工程的路基、桥涵及隧道工程的工程地质勘察报告编制应按本章的有关规定执行。

7.9.3 改河、改沟、改渠工程地质勘察报告的文字报告应重点阐明下列内容：
    1 结合原河流水力条件分析说明河流在改河段的水力特征。
    2 提供改河、改沟、改渠范围内工程地质层的物理力学参数，土、石工程分级；根据改河段地层岩性特征分析新开挖河道岸坡的稳定性。
    3 分析河水的冲刷深度，必要时提出导流工程与河岸防护工程建议，并推荐基础埋置深度、基础形式及持力层建议。
    4 施工注意事项。

7.10 连接线

7.10.1 连接线详细工程地质勘察报告应包括连接线总说明和工点工程地质勘察报告。

7.10.2 连接线的路基、桥涵及隧道工程的工程地质勘察报告编制应按本章的有关规定执行。

8 不良地质勘察报告

8.1 一般规定

8.1.1 本章内容适用于岩溶、滑坡、危岩、崩塌和岩堆、泥石流、采空区、水库坍岸、地震液化等不良地质勘察报告的编制。

8.1.2 本章内容主要适用于初步工程地质勘察阶段不良地质勘察报告的编制,详细工程地质勘察阶段勘察报告内容应重点对岩土设计参数补充验证,进一步完善工程处治措施的建议,提出施工注意事项。

8.1.3 不良地质勘察成果应反映在相关工点的工程地质勘察报告中。当作为独立工点时,应符合本规程第3.3节的有关规定。

8.1.4 对于有明确发生时间或过程的不良地质,应在工程概况中描述其发生时间,发生前的气象、水文条件、人类工程活动及致灾情况等。

8.1.5 不良地质工程地质评价应借鉴项目区既有工程病害的防治工程经验。

8.1.6 应根据不良地质的特征,结合相关工程类型提出结论与建议。

8.2 岩溶

8.2.1 勘察概述应重点阐明岩溶概况、拟建公路工程类型、岩溶与拟建工程的相互关系。

8.2.2 岩溶发育特征应包括下列主要内容:
1 岩溶发育特征主要包括岩溶类型、空间分布、形态、充填状况、连通性、岩溶发育强度等。
2 土洞的发育特征主要说明上覆地层与厚度、土洞分布层位、地貌形态、土洞规模、分布特点等。
3 岩溶与土洞塌陷特征主要说明塌陷位置,塌陷的地表特征、规模、分布密度与分布规律等。

  4 岩溶水的水文地质特征主要说明岩溶水的赋存特征与补给、排泄条件，岩溶水水位、水量变化与运动规律，地下暗河的发育特征，岩溶水质化学特征，岩溶水排泄基准面高程等。

  5 岩溶成因主要论证岩溶发育与地形地貌、地层岩性、地质构造、地下水及地表水的关系等。

8.2.3 工程地质特征与评价应包括下列主要内容：
  1 评价岩溶发育程度，并对场地稳定性和适宜性进行评价。
  2 岩溶对路基、桥梁基础、隧道工程的危害。
  3 对影响工程安全和稳定的岩溶提出工程对策。

8.2.4 结论与建议宜包括下列主要内容：
  1 岩溶工程地质特征。
  2 场地的稳定性及适宜性。
  3 岩溶稳定性评价及工程危害性评价。
  4 抗震设防建议。
  5 水、土对建筑材料的腐蚀性评价结论。
  6 其他工程地质问题评价结论。
  7 结合工程类型提出相关岩土设计参数。
  8 岩溶的工程处治措施建议及下阶段工作建议。

8.3 滑坡

8.3.1 勘察概述应重点阐明滑坡概况，滑坡与拟建工程的相互关系。

8.3.2 滑坡发育特征应包括下列主要内容：
  1 气象信息重点表述集中降雨量特征等。
  2 滑坡发育特征主要说明滑坡形态、滑坡周界、滑坡微地貌（滑坡壁、滑动鼓丘、滑坡舌）、变形特征（张拉、鼓胀、剪切裂缝）、滑坡泉及与滑坡有关的地物状况等。
  3 滑坡形成机理分析应结合滑坡区地形特征、地层岩性、地质构造、水文地质等内部因素及地震、降水、人工活动等外部因素，分析滑坡形成的机理。

8.3.3 工程地质特征与评价应包括下列主要内容：
  1 工程地质分层特征主要说明室内试验、原位试验统计结果等。
  2 滑坡工程地质分析与评价主要包括下列内容：
  1）定性分析主要根据滑坡的变形破坏迹象以及引起滑动的自然和人为因素，初步判定滑坡稳定性,并预测发展趋势。
  2)滑坡的稳定性计算主要包括下列内容:
    ——计算参数的选取主要依据现场试验和室内试验结果,结合反算和工程地质类比综合取值;
    ——滑坡岩土设计参数主要提供滑体、滑带、滑床的岩土特性指标和相关计算参数;
    ——稳定性计算主要根据岩土设计参数,结合工程条件、工况及相关要素,计算滑坡的稳定性。
 3 提出滑坡的工程对策。

条文说明
 1 工程地质分层要区分滑坡体、滑坡面(带)、滑坡床;原位试验包括现场重度、钻孔深部位移监测、地表变形监测、钻孔水位监测等。
 2 在滑坡工程地质分析与评价说明中,强调了定性分析与定量计算的结合。定性分析主要针对滑坡的活动性。

8.3.4 结论与建议宜包括下列主要内容:
 1 滑坡工程地质特征。
 2 场地的稳定性及适宜性。
 3 滑坡稳定性评价及工程危害性评价。
 4 抗震设防建议。
 5 水、土对建筑材料的腐蚀性评价结论。
 6 其他工程地质问题评价结论。
 7 结合工程类型提出相关岩土设计参数。
 8 滑坡的工程处治措施建议及下阶段工作建议。

8.3.5 图表、附件除满足本规程第3.3节的规定以外,尚应包括:
 1 滑坡稳定计算分析图与滑坡稳定性计算表。
 2 滑坡监测成果报告。

8.4 危岩、崩塌和岩堆

8.4.1 勘察概述应重点阐明危岩、崩塌和岩堆概况,危岩、崩塌和岩堆与拟建工程的相互关系。

8.4.2 危岩、崩塌和岩堆发育特征应包括下列主要内容:
 1 危岩、崩塌和岩堆的类型、数量、规模、物质组成及工程分类。
 2 崩塌块体运动方向及运动方式、运动距离及最大粒径和形状。

3 岩堆下卧堆床斜坡坡度,岩堆内部有无向外倾斜的软弱夹层,岩堆体的密实程度等。

4 危岩、崩塌和岩堆形成机理分析主要论证地形地貌、气象、地层岩性、地质构造与地震及地下水与危岩、崩塌和岩堆发育的关系。

条文说明

通过危岩、崩塌和岩堆的内部条件和外部诱发因素,分析产生崩塌和岩堆的机理;崩塌形成内因条件主要强调斜坡岩土体、结构面特征。

8.4.3 工程地质特征与评价应包括下列主要内容:

1 危岩、崩塌应根据坡体上规模较大且贯通性好的结构面,特别是陡倾或直立的层面或节理裂隙面,圈定崩塌体的几何边界,计算崩塌体体积,分析结构面及其不利组合关系,并预测发展趋势、运动特征。

2 岩堆应根据物质组成、结构特征、密实程度,堆积体内的软弱夹层,岩堆床坡度及堆床接触面的岩土层性质,地表水和地下水的活动等情况,论述、评价岩堆体的稳定性及变形性状,并预测其对拟建工程的影响。

3 危岩、崩塌和岩堆的岩土设计参数。

4 对影响工程安全或稳定的危岩、崩塌和岩堆提出工程对策。

条文说明

1 采用结构面特征及组合、力学分析计算与工程地质类比法进行稳定性分析与计算,评价其稳定性,预测其危害程度。

8.4.4 结论与建议宜包括下列主要内容:

1 危岩、崩塌和岩堆的工程地质特征。

2 场地的稳定性及适宜性。

3 危岩、崩塌和岩堆的稳定性评价及工程危害性评价。

4 抗震设防建议。

5 水、土对建筑材料的腐蚀性评价结论。

6 其他工程地质问题评价结论。

7 结合工程类型提出相关岩土设计参数。

8 危岩、崩塌和岩堆的工程处治措施建议及下阶段工作建议。

8.5 泥石流

8.5.1 勘察概述应重点阐明泥石流概况,泥石流与拟建工程的相互关系。

8.5.2 泥石流发育特征应包括下列主要内容：

1 泥石流的发育特征说明泥石流的物质组成、颗粒级配、流体性质，类型、发育规模、发育阶段，物源区、流通区、堆积区的分布特征，历次泥石流发生的时间、频度、强度、规模、颗粒成分及泥痕。

2 泥石流的成因分析主要论证地形地貌、植被、气象、地层岩性、地质构造、地震、松散固体物质的供给、地表水及地下水等与泥石流产生的关系。

8.5.3 工程地质特征与评价应包括下列主要内容：

1 按照泥石流分区进行岩土工程地质分层，描述工程地质层的工程地质特征，物理力学性质，含水、透水性能。

2 工程地质层岩土设计参数。

3 根据工程地质层的岩土设计参数，预测泥石流发展趋势，分析与评价其对拟建工程的影响。

4 存在工程风险或危害的泥石流的工程对策。

8.5.4 结论与建议宜包括下列主要内容：

1 泥石流的工程地质特征。

2 场地的稳定性及适宜性。

3 泥石流的勘察评价结论及工程危害性评价。

4 抗震设防建议。

5 水、土对建筑材料的腐蚀性评价结论。

6 其他工程地质问题评价结论。

7 结合工程类型提出相关岩土设计参数。

8 泥石流的工程处治措施建议及下阶段工作建议。

8.6 采空区

8.6.1 勘察概述应重点阐明采空区概况、采空区与拟建工程的相互关系。

8.6.2 采空区工程特征应包括下列主要内容：

1 分布特征主要说明采空区平面分布、采空地层层位、采空区埋深等。

2 采矿特征主要说明开采时间、开采方式、开采深度、开采厚度、开采层数、顶板岩性、回采率、顶板管理方式及开采范围等。

3 发育特征主要说明采空区"三带"（垮落带、断裂带、弯曲带）发育特征，充填和充水情况。

4 变形特征主要说明地表变形特征、平面分区（中间区、内边缘区、外边缘区）及地表变形观测成果、地面建筑设施的变形特征等。

8.6.3 工程地质特征与评价应包括下列主要内容：
  1 稳定性分析与评价主要分析评价上覆岩层的稳定性，采空塌陷区的范围。
  2 变形分析应计算采空塌陷区剩余沉降量，预测采空区变形发展趋势。
  3 提供影响公路工程安全或稳定的采空区的工程对策。

8.6.4 结论与建议宜包括下列主要内容：
  1 采空区的工程地质特征。
  2 场地的稳定性及适宜性。
  3 采空区稳定性评价及工程危害性评价。
  4 抗震设防建议。
  5 水、土对建筑材料的腐蚀性评价结论。
  6 其他工程地质问题评价结论。
  7 结合工程类型提出相关岩土设计参数。
  8 采空区的工程处治措施建议及下阶段工作建议。

8.7 水库坍岸

8.7.1 勘察概述应重点阐明水库最高蓄水水位、最低蓄水水位、涌浪高度，拟建公路工程类型、设计高程。

8.7.2 水库坍岸工程特征应包括下列主要内容：
  1 库岸地形、地貌、地质构造、地层岩性、水文地质及其特征。
  2 岸坡遭受切割的程度，岸线的形态、高度、坡度；库岸发生坍塌的时间、坍塌范围、物质组成、坍塌的方式、开裂变形地段的分布范围等。

8.7.3 工程地质特征与评价应包括下列主要内容：
  1 库岸岩土的工程地质分层特征，室内试验、原位试验结果。
  2 水库坍岸预测。
  3 水库坍岸对拟建工程的影响。
  4 库岸防护岩土设计参数。
  5 对危害拟建公路工程的水库坍岸的工程对策。

8.7.4 结论与建议应包括下列主要内容：
  1 水库岸坡的工程地质特征。
  2 场地的稳定性及适宜性。
  3 水库岸坡稳定性评价及工程危害性评价。
  4 抗震设防建议。

5 水、土对建筑材料的腐蚀性评价结论。
6 其他工程地质问题评价结论。
7 结合工程类型提出相关岩土设计参数。
8 水库坍岸的工程处治措施建议及下阶段工作建议。

8.8 地震液化

8.8.1 勘察概述应重点阐明地震液化概况、拟建公路工程类型。

8.8.2 场地工程地质条件应主要说明可液化土的沉积环境、地貌单元、地质时代；可液化土层的水环境，应包括地表水深度，地下水类型、埋深等。

8.8.3 工程地质特征与评价应包括下列主要内容：
1 液化场地岩土的工程地质分层特征，室内试验、原位试验结果。
2 地震液化分析与评价应符合现行《公路工程抗震规范》(JTG B02)与《公路桥梁抗震设计细则》(JTG/T B02-01)的有关规定。
3 根据液化评价结论，结合工程类型（路基、构造物等），提出工程对策。

8.8.4 结论与建议应包括下列主要内容：
1 地震液化区的工程地质特征。
2 场地的稳定性及适宜性。
3 地震液化评价主要结论及工程危害性评价。
4 抗震设防建议。
5 水、土对建筑材料的腐蚀性评价结论。
6 其他工程地质问题评价结论。
7 结合工程类型提出相关岩土设计参数。
8 地震液化区的工程处治措施建议及下阶段工作建议。

9 特殊性岩土勘察报告

9.1 一般规定

9.1.1 本章内容适用于黄土、多年冻土、膨胀性岩土、盐渍土、软土、花岗岩残积土、红黏土及填土等特殊性岩土工程地质勘察报告的编制。

9.1.2 本章内容主要适用于初步工程地质勘察阶段特殊性岩土勘察报告的编制，详细工程地质勘察阶段勘察报告内容应重点对岩土设计参数补充验证，进一步完善工程处治措施的建议，提出施工注意事项。

9.1.3 特殊性岩土勘察成果应反映在相关工点的勘察报告中。当作为独立工点时，应符合本规程第3.3节的有关规定。

9.1.4 特殊性岩土工程地质评价应借鉴项目区既有工程的病害防治工程经验。

9.1.5 位于挖方路段的特殊性岩土，应评价挖方材料作为路堤填料的适宜性。

9.1.6 应根据特殊性岩土的特征，结合相关工程类型提出结论与建议。

9.2 黄土

9.2.1 场地工程地质条件应重点阐明与湿陷有关的冲沟、水土流失、陷穴、漏斗、滑坡、崩塌、泥石流等的发育特征和分布。

9.2.2 工程地质特征与评价应包括下列主要内容：
 1 黄土的颜色、物质组成、结构特征、成层性、平面分布和埋藏特征及室内试验的湿陷性指标、物理力学性质指标以及原位试验结果等。
 2 划分场地湿陷类型和地基湿陷等级。
 3 黄土工程地质层划分，宜根据成因类型、时代、岩性、湿陷类型、湿陷程度分层。
 4 提供黄土设计参数。
 5 工程对策应包括下列主要内容：

1）湿陷性黄土地基处理措施及构造物基础形式。
2）自重湿陷性黄土场地桩基设计应结合地基浸水可能性考虑桩基负摩阻力。
3）黄土边坡的工程措施。

9.2.3 结论和建议宜包括下列主要内容：
1 黄土的工程地质特征综述。
2 黄土的工程地质评价结论，包括黄土场地湿陷类型、地基湿陷等级等。
3 场地抗震地段、场地类别、地震动参数、抗震设防等结论。
4 水、土对建筑材料的腐蚀性评价结论。
5 其他不良地质的评价结论。
6 结合工程类型提出岩土设计参数。
7 黄土场地基础形式、地基处理方案及防、排水措施建议。
8 下阶段勘察工作重点建议、设计建议及施工注意事项。

9.3 多年冻土

9.3.1 场地工程地质条件应包括下列主要内容：
1 多年冻土区划、地形地貌、植被生态、气象条件、地层岩性及地质构造等区域条件。
2 多年冻土的平面分布、上限深度、厚度，季节融化层或季节冻结层与多年冻土的衔接关系等多年冻土空间分布特征。
3 多年冻土段地下水冻结层上水、层间水、层下水的赋存形式及相互关系。
4 冰锥、冻胀丘、冻土沼泽、冻土湿地、热融湖塘、热融洼地、热融滑塌、融冻泥流等与多年冻土相关的多年冻土不良地质的类型、成因及分布。

9.3.2 工程地质特征与评价应包括下列主要内容：
1 多年冻土层的颜色、物质组成、含冰量、冻土结构、平面分布及埋藏特征，并提出由多年冻土层的土工试验、热工试验、原位试验获得的物理力学参数、热学参数等工程特性指标，划分含冰类型、地温类型、冻胀等级、融沉等级等。
2 分析评价多年冻土融沉特征及季节融化层（或季节冻结层）的冻胀特征。
3 分析多年冻土含冰量特征，评价各含冰类型冻土的结构特征及其空间分布和发育特征，尤其是高含冰量冻土相关特征应重点分析。
4 分析多年冻土地温特征，评价多年冻土年平均地温、上限处地温年平均值、基础底面地温年平均值等温度特征。
5 综合评价多年冻土对拟建工程的影响。
6 多年冻土地基岩土的设计参数。
7 综合评价路线环境工程地质问题，评价取、弃土可能产生的环境工程地质问题。
8 预测多年冻土在外界环境因素和工程活动因素下的变化趋势。

9 工程对策应重点阐明下列内容：
1）多年冻土区工程设计原则主要根据多年冻土的工程地质评价结果提出建议。
2）各类工程基础形式及地基处理措施。
3）多年冻土边坡工程、隧道工程的工程措施。

9.3.3 结论和建议宜包括下列主要内容：
1 多年冻土的工程地质特征综述。
2 多年冻土的工程地质评价结论，包括含冰类型、地温类型、冻胀等级、融沉等级等。
3 场地抗震地段、场地类别、地震动参数、抗震设防等结论。
4 水、土对建筑材料的腐蚀性评价结论。
5 其他不良地质的评价结论。
6 结合工程类型提出多年冻土的岩土设计参数。
7 多年冻土场地基础形式，地基处理方案，防、排水措施及环境保护建议。
8 下阶段勘察工作重点建议、设计建议及施工注意事项。

9.4 膨胀性岩土

9.4.1 场地工程地质条件应包括下列主要内容：
1 膨胀性岩土形成的地貌特征、成因类型、岩性、节理裂隙特征及平面分布等。
2 与膨胀性岩土有关的溜塌、滑坡、地裂缝等的发育特征及分布范围，建筑物变形情况。

9.4.2 工程地质特征与评价应重点阐明下列内容：
1 膨胀性岩土层的颜色、物质组成、结构特征、成层性、平面分布及埋藏特征，膨胀性岩土层室内试验的膨胀性指标、物理力学性质指标及原位试验结果等。
2 划分场地类型。
3 评价膨胀性岩土的膨胀潜势。
4 预测地表水及地下水可能引起的膨胀或收缩风险。
5 评价膨胀性岩土地基的胀缩等级。
6 提供膨胀性岩土设计参数。
7 评价膨胀性岩土边坡的稳定性。
8 工程对策应包括下列主要内容：
1）基础形式及地基处理措施。
2）膨胀性岩土边坡的工程措施。

条文说明
2 场地类型根据现行《膨胀土地区建筑技术规范》(GB 50112)划分为平坦场地和

坡地场地。

6 膨胀性岩土的设计参数要考虑地基土浸水可能性,采用相应状态下的试验测试结果、理论计算值。设计参数同时需考虑岩土结构、构造及地区经验。

9.4.3 结论和建议宜包括下列主要内容:
1 膨胀性岩土的工程地质特征综述。
2 膨胀岩性土的工程地质评价结论,包括膨胀等级、大气急剧影响深度等。
3 场地抗震地段、场地类别、地震动参数、抗震设防等结论。
4 水、土对建筑材料的腐蚀性评价结论。
5 其他不良地质的评价结论。
6 结合工程类型提出膨胀性岩土的岩土设计参数。
7 膨胀性岩土场地的基础形式,地基处理方案,防、排水措施及环境保护建议。
8 下阶段勘察工作重点建议、设计建议及施工注意事项。

9.5 盐渍土

9.5.1 场地工程地质条件应包括下列主要内容:
1 盐渍土所处的地貌单元,形成的地形条件,地表植被,岩性特征及平面分布等;分析盐分聚积、淋溶、迁移与气候、水文、微地貌间的相互关系。
2 与盐渍土场地有关的石膏漠、龟裂土、蓬松土、盐霜、盐壳、盐盖等的发育特征。

9.5.2 工程地质特征与评价应包括下列主要内容:
1 盐渍土的工程地质特征应重点描述颜色、物质组成、结构特征、成层性、平面分布及埋藏特征,并阐述盐渍土室内试验的特性指标、物理力学性质指标及原位试验结果。
2 根据含盐类型、含盐量分别划分盐渍土的类型。
3 评价盐渍土地基的溶陷性及溶陷等级。
4 评价盐渍土地基的盐胀性及盐胀等级。
5 评价盐渍土及地表水、地下水对建筑材料的腐蚀性。
6 提供盐渍土设计参数。
7 工程对策应包括下列主要内容:
1)盐渍土场地基础形式及地基处理措施。
2)土、水对建筑材料的腐蚀性的应对措施。

9.5.3 结论和建议宜包括下列主要内容:
1 盐渍土的工程地质特征综述。
2 盐渍土的工程地质评价结论,包括盐渍土化学成分分类、含盐量分类、易溶盐平均含盐量、溶陷等级、盐胀等级等。

3 场地抗震地段、场地类别、地震动参数、抗震设防等结论。
4 水、土对建筑材料的腐蚀性评价结论。
5 其他不良地质的评价结论。
6 结合工程类型提出盐渍土的岩土设计参数。
7 盐渍土场地的基础形式,地基处理方案,防、排水措施及环境保护建议。
8 下阶段勘察工作重点建议、设计建议及施工注意事项。

条文说明

1 盐渍土的工程地质层一般根据盐渍土成因类型、时代、岩性、盐渍土分类及盐渍化程度划分。

6 盐渍土的设计参数要考虑地基土浸水可能性,采用相应状态下的试验测试结果、理论计算值。设计参数同时需考虑岩土结构及地区经验。

9.6 软土

9.6.1 场地工程地质条件应重点阐明软土的成因类型、地质时代、发育特征和分布。

9.6.2 工程地质特征与评价应包括下列主要内容:

1 软土颜色、物质组成、类型、地层结构、平面分布及埋藏特征,室内试验的物理力学性质、化学性质、工程性能指标及原位试验结果等。

2 评价地基土的稠度状态、固结历史、压缩性、抗剪强度、灵敏度、触变性、均匀性、渗透性等。

3 评价软土场地震陷的可能性。

4 评价软土及地表水、地下水对建筑材料的腐蚀性。

5 岩土设计参数主要提供抗剪强度、固结系数、渗透系数、地基承载力基本容许值、桩基侧摩阻力标准值等。

6 软土地基的稳定性评估。

7 软土地基沉降风险评估。

8 工程对策应包括下列主要内容:

1)基础形式及地基处理措施。

2)分析软土地基固结沉降可能对桩基础产生的负摩阻力及工程对策。

条文说明

5 软土的岩土设计参数与工程对象密切相关,这里仅指出了常用指标;软土地基的承载力基本容许值应综合分析确定。

6 根据软土的物理力学性质,结合软土的埋藏条件及拟建工程类型评估建(构)筑物地基的稳定性。

9.6.3 结论和建议宜包括下列主要内容：
1 软土的工程地质特征综述。
2 软土的工程地质评价结论，包括软土成因类型、软土的分类等。
3 场地抗震地段、场地类别、地震动参数、抗震设防等结论。
4 水、土对建筑材料的腐蚀性评价结论。
5 其他不良地质的评价结论。
6 结合工程类型提出软土的岩土设计参数。
7 软土场地的基础形式、地基处理方案及环境保护建议。
8 下阶段勘察工作重点建议、设计建议及施工注意事项。

9.7 花岗岩残积土

9.7.1 场地工程地质条件应重点阐明花岗岩残积土的空间分布、地质时代和基底岩性特征，球状风化特征、分布。

9.7.2 工程地质特征与评价应包括下列主要内容：
1 花岗岩残积土的颜色、物质组成、类型、地层结构、平面分布、埋藏条件，室内试验的物理力学性质、工程性能指标及原位试验结果等。
2 根据花岗岩残积土的物理力学及工程特性指标分析评价花岗岩残积土的稠度状态、密实度、膨胀性、抗剪强度、地基均匀性。
3 提供花岗岩残积土设计参数。
4 高边坡、深路堑及其他挖方边坡的稳定性。
5 工程对策应包括下列主要内容：
1）基础形式或地基处理措施。
2）根据边、仰坡稳定性评价结果，提出边、仰坡设计建议。
3）花岗岩残积土中球状风化在施工过程中的对策。

条文说明
1 花岗岩残积土地层划分主要根据标准贯入试验击数进行划分，当标贯试验击数少于30击时，为残积土。
3 花岗岩残积土设计参数与工程对象密切相关，这里仅罗列了常用指标；花岗岩残积土地基的承载力基本容许值不宜采用单一计算方法确定，应采用原位测试与地区经验综合分析确定。

9.7.3 结论和建议宜包括下列主要内容：
1 花岗岩残积土的工程地质特征综述。
2 花岗岩残积土的工程地质评价结论，包括花岗岩残积土的分类、风化层厚度、球状风化情况等。

3 场地抗震地段、场地类别、地震动参数、抗震设防等结论。

4 水、土对建筑材料的腐蚀性评价结论。

5 其他不良地质的评价结论。

6 结合工程类型提出花岗岩残积土的岩土设计参数。

7 花岗岩残积土场地的基础形式、地基处理方案及环境保护建议。

8 下阶段勘察工作重点建议、设计建议及施工注意事项。

9.8 红黏土

9.8.1 场地工程地质条件应包括下列主要内容：

1 红黏土段的地形地貌特征，红黏土成因类型、时代、分布范围及节理裂隙发育特征。

2 与红黏土有关的坡面冲刷、剥落、滑坡、土洞等的发育特征、分布范围和规模。

9.8.2 工程地质特征与评价应包括下列主要内容：

1 红黏土的颜色、物质组成、土层结构、平面分布与埋藏条件，室内试验的物理力学性质、工程特性指标及原位试验结果等。

2 评价红黏土塑性状态、含水比、结构特征、压缩性、胀缩性、抗剪强度、地基均匀性。

3 提供红黏土设计参数。

4 挖方边坡的稳定性。

5 地基的稳定性评价。

6 地基的不均匀沉降。

7 工程对策应包括下列主要内容：

1) 基础形式及地基处理措施。

2) 红黏土边坡的工程措施。

9.8.3 结论和建议宜包括下列主要内容：

1 红黏土的工程地质特征综述。

2 红黏土的工程地质评价结论，包括红黏土的坚硬状态、结构划分、地基均匀性划分、膨胀与收缩特性、复浸水特性等。

3 场地抗震地段、场地类别、地震动参数、抗震设防等结论。

4 水、土对建筑材料的腐蚀性评价结论。

5 其他不良地质的评价结论。

6 结合工程类型提出红黏土的岩土设计参数。

7 红黏土场地的基础形式，地基处理方案，防、排水措施及环境保护建议。

8 下阶段勘察工作重点建议、设计建议及施工注意事项。

9.9 填土

9.9.1 场地工程地质条件应重点阐明填土来源、成分、填筑方式、堆填历史、空间分布和填筑前地面地形特征。

9.9.2 工程地质特征与评价应包括下列主要内容：

1 填土的颜色、物质组成、颗粒级配、土层结构、平面分布、埋藏条件，室内试验的物理力学性质、工程特性指标及原位试验结果等。

2 评价地基密实度、压缩性、均匀性、抗剪强度、均匀性、有害气体。

3 当填土为饱和砂土和粉土时，需评价其地震液化可能性。

4 当填土为软土时，需评价软土震陷的可能性。

5 当填土具湿陷性时，应评价填土场地的湿陷类型和地基湿陷等级。

6 评价填土和地下水对建筑材料的腐蚀性。

7 评价有害气体的工程影响。

8 提供填土设计参数。

9 填土地基的稳定性评价。

10 填土地基的不均匀沉降。

11 工程对策应包括下列主要内容：

1) 基础形式及地基处理措施。

2) 当存在大面积欠固结填土地基时，应评价填土地基的固结沉降对上部结构的影响及可能对桩基础产生的负摩阻力，并提出工程对策。

3) 填土场地可能存在的有害气体的工程对策。

4) 对不稳定填土地基的工程措施。

条文说明

1 填土的分类根据其物质组成和堆填方式通常分为素填土、杂填土和冲填土，由于填土物质组成及颗粒大小不同会导致其工程性能差别很大，进而影响地基处理方式及施工机械选型，所以工程地质层一般根据土的粒径、级配、密实度及工程性能进一步细分。

9.9.3 结论和建议宜包括下列主要内容：

1 填土的工程地质特征综述。

2 填土的工程地质评价结论，包括填土的类型，填土的成因，填土均匀性、湿陷性、压缩性等。

3 场地抗震地段、场地类别、地震动参数、抗震设防等结论。

4 水、土对建筑材料的腐蚀性评价结论。

5 其他不良地质的评价结论。

6 结合工程类型提出填土的岩土设计参数。

7 填土场地的基础形式,地基处理方案,防、排水措施及环境保护建议。

8 下阶段勘察工作重点建议、设计建议及施工注意事项。

10 工程地质图表

10.1 一般规定

10.1.1 图表绘制应符合下列规定：

1 勘察报告中的图表宜符合本规程附录 E 的有关规定。

2 工程地质平面图、工程地质纵断面图应按里程桩号由小到大、从左向右编排。

3 图表绘制宜采用统一规定的线条、字体与字号、图例与符号、计量单位与有效位数。

条文说明

2 滑坡、泥石流、水库坍岸的工程地质纵断面宜从上游到下游，从左向右编排。

3 图表应力求美观、整洁、均衡；工程地质信息层次分明、内容全面、重点突出；图表规范、比例适当、满足设计要求并方便应用。

10.1.2 图框应符合下列规定：图框的页边距 $a=10\text{mm}$，$c=30\text{mm}$，如图 10.1.2 所示。

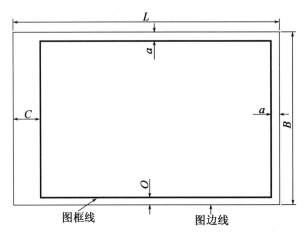

图 10.1.2　图框

10.1.3 图标应符合下列规定：

1 图标包括图表的页码栏、标题栏。图表页码栏宜置于图框线内右上角，标题栏应位于图框底线以上，如图 10.1.3 所示。

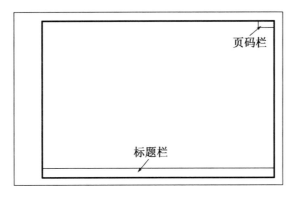

图 10.1.3　图标

2 页码栏应置于图表右上角图框线内侧,紧靠图框线,页码宜用三位阿拉伯数字表示。

3 A3 图幅标题栏按本规程附录 E.4 执行,图幅大于 A3 时,标题栏应置于图表的右下角。

条文说明

"勘察单位""项目名称"填写全称;"图名"由"工点名称+图表名称"组合而成。

10.1.4 图纸比例尺应符合下列规定:

1 比例尺应与勘察阶段的精度要求相适应,且满足工程应用。

2 根据工程规模、勘察范围与勘探深度,结合勘察阶段及设计要求,确定图幅大小。图面内容不宜大于图幅 2/3。

3 比例尺大小应结合勘察阶段的要求,根据工程地质条件复杂程度选择。

4 工程地质纵断面图水平与垂直比例尺相差不宜过大,一般宜控制在 5 倍以内。

5 工程地质平面图包括路线工程地质平面图和工点工程地质平面图。

1)路线工程地质平面图采用比例尺规定如下:

预可阶段,1∶50 000~1∶100 000;

工可阶段,1∶10 000~1∶50 000;

初步工程地质勘察阶段,1∶2 000~1∶10 000;

详细工程地质勘察阶段,1∶2 000。

2)工点工程地质平面图采用比例尺规定如下:

工可阶段,1∶2 000~1∶10 000;

初步工程地质勘察阶段、详细工程地质勘察阶段,1∶2 000。

6 工程地质纵断面图包括路线工程地质纵断面图和工点工程地质纵断面图。

1)路线工程地质纵断面图应采用如下比例:

工可阶段,水平比例尺 1∶10 000~1∶50 000,垂直比例尺 1∶400~1∶5 000。

初步工程地质勘察阶段、详细工程地质勘察阶段,水平比例尺 1∶2 000~1∶10 000,垂直比例尺 1∶400~1∶2 000。

2) 工点工程地质纵断面图应采用如下比例：

工可阶段，水平比例尺 1∶1 000~1∶2 000，垂直比例尺 1∶200~1∶1 000。

初步工程地质勘察阶段、详细工程地质勘察阶段，水平比例尺不小于 1∶2 000，垂直比例尺 1∶200~1∶1 000。其中隧道、岩溶、滑坡、崩塌等不良地质纵断面图水平比例尺与垂直比例尺宜保持一致。

7 工程地质横断面图水平比例尺与垂直比例尺宜保持一致，可采用 1∶200~1∶500。

8 工程地质柱状图宜根据岩土的工程地质要素、工程地质分层厚度、取样及原位测试频率，勘探点类型及深度综合确定，比例尺不宜小于 1∶500。

条文说明

5 岩溶、滑坡、崩塌、采空区等不良地质工点报告，通常采用 1∶500。

10.1.5 绘图线条应符合下列基本规定：

1 常用线条的线形、线宽按表 10.1.5 选用；推断地质界线采用对应线形、线宽的虚线表示；拟建线路及工程同设计文件。

表 10.1.5 常用线条规格

适用图件	线 名	线 形	线 宽
平面图 纵断面图 横断面图	工程地质分区线	双点划线	1.00(mm)一级 0.60(mm)二级
	不良地质线	实线	0.40(mm)
	地质构造线	实线	0.40(mm)
	时代界线	实线	0.40(mm)
	地层界线	实线	0.25(mm)
	物探测线	实线	0.40(mm)
	设计线	实线	0.80(mm)
	地面线	实线	0.60(mm)
	风化界线	单点划线	0.25(mm)
	地下水位线	虚线	0.40(mm)
	岩性花纹		0.12(mm)
图框	外框	实线	0.90(mm)
	内框	实线	0.40(mm)

2 工程地质图件中，当不同界线有重叠时，只保留较粗的界线，当相互重叠的地质界线线形、线宽相同时，两条线合并处理。

10.1.6 字体及字号宜符合下列规定：

1 字体及字号按表 10.1.6 选用。图表中书写的汉字、数字、字母等均应字体端正，排列整齐,间隔均匀。汉字中的简化字应采用国家正式公布实施的简化字。

表 10.1.6　字体、字号规格

用途		字号或字高	字体	字间距	行间距
文字报告（word 文档）	大标题——报告名	小二	宋体加粗	标准	1.5 倍
	分段标题	四号	宋体加粗	标准	1.5 倍
	小标题	四号	宋体	标准	1.5 倍
	说明内容	四号	宋体	标准	1.5 倍
	表格表头	小四	宋体加粗	标准	1.5 倍
	表格内容	小四	宋体	标准	1.5 倍
平面图综合图表	标题	3.5	宋体	标准	标准
	文字	2.5	宋体	标准	标准
	符号	2.5	宋体	标准	标准
	上、下标	2.0	宋体	标准	标准
柱状图纵、横断面图	标题	4.5	simplex, hntxt	标准	标准
	描述	4.0		标准	标准
	符号	4.0		标准	标准
	上、下标	2.0		标准	标准
图标栏	文字 双行	8.0	宋体	根据文字数量确定	
	文字 单行	10.0	宋体		

2　其他要求：

1）图表中的字母与数字除有固定含义者外均应按标准体书写,包括大写和小写。

2）文字报告中的汉字应与其中的字母和数字的大小相协调一致。

3）同一项目勘察报告中,同一字母(不含大小写)或符号不宜代表两个或两个以上含义。

10.2　工程地质平面图

10.2.1　工程地质平面图应重点突出拟建工程、勘探及工程地质要素,对地形等高线及地物等可适当淡化。工程地质平面图示例见附录 E.7.1、E.7.2。

条文说明

　　工程地质平面图底图一般采用与勘察阶段相适应的地形图,并与工程地质要素相匹配。

10.2.2　拟建工程要素应包括路线指向、路线轴线与里程桩号,构造物名称、结构类型、起止里程等。

10.2.3 勘探要素应包括勘探点、线、测试点的位置、类型、编号及里程桩号。

10.2.4 工程地质要素应包括下列内容：

1 地层岩性界线、褶皱、断裂构造类型及标识，地下水的露头和地表水的分布，不良地质平面分布及标识，工程地质分区界线，地震动峰值加速度及反映谱特征周期分区或地震基本烈度分区界线等。

2 地质时代、成因类型、岩层产状、节理裂隙产状等。

10.3 工程地质断面图

10.3.1 工程地质断面图包括工程地质纵断面图和工程地质横断面图。

10.3.2 工程地质纵断面图应反映拟建工程要素、勘探要素、工程地质要素等。

1 拟建工程要素应包括设计线位、高程标尺、桥梁设计墩台示意等，标注在断面上方。隧道顶底板设计线、隧道洞口位置与里程桩号，标注在断面中相应设计位置。

2 勘探要素应包括勘探点类型、编号及勘探深度，标注在断面上方。

3 工程地质要素应包括地面线、地层界线、地层编号、构造线、岩层产状、地层岩性与工程地质层界线、工程地质层代号、液化等级及界线、地下水位线、时代成因、岩性名称，勘探点及分层深度和高程，必要时反映原位测试成果。

4 工程纵断面图下方应列表反映下列内容：

1）勘探点及主要地形控制点位置的地面高程与里程桩号。

2）路线工程地质纵断面图下方尚应反映相应的设计高程，工程地质分区、亚区，路段的工程地质概况等。

3）隧道工程地质纵断面图除符合上述1）要求外，尚应反映相应的设计高程、围岩级别及相应的工程地质与水文地质概况等。

4）工程地质纵断面图示例见本规程附录E.8.1、E.8.2、E.8.3。

10.3.3 工程地质横断面图表示内容除应符合本规程第10.3.2条的有关规定外，尚应符合下列规定：

1 断面图上方应标注断面方向与路线方向的关系。

2 断面图反映长度应大于勘察对象规模且满足岩土工程分析与计算要求。

3 隧道工程地质横断面图应超出左右线隧道两侧边墙外20~40m，且不小于2倍的洞室宽度或高度的大值，同时反映隧道底板以下地层岩性且满足隧道设计计算需要。

4 工程地质横断面图示例见本规程附录E.8.4、E.8.5、E.8.6。

10.4 工点工程地质综合图表

10.4.1 多勘探点工程地质综合图表由简要文字报告、工程地质平面图及工程地质纵断面组成。示例见本规程附录 E.9.1。

10.4.2 单勘探点工程地质综合图表由简要文字报告、地质柱状图组成。示例见本规程附录 E.9.2。

10.4.3 工点工程地质评价汇总表应按本规程第 3.3.8 条有关规定执行。示例见本规程附录 E.9.3

10.5 工程地质柱状图、工程地质展示图

10.5.1 工程地质柱状图应包括钻孔、探井、简易勘探孔的柱状图，表示内容应符合下列规定：

1 工程地质柱状图表头应反映工程名称、勘探点编号、位置（用路线里程及偏左或偏右表示，同时标注勘探点坐标）、孔口高程、勘探日期、地质时代、成因、工程地质层编号、层底深度、分层厚度、层底高程、比例尺、工程地质描述、地下水位深度、岩土取样位置及样品类型、样品编号、标准贯入试验锤击数（深度）或圆锥动力触探试验锤击数（深度）等。示例见本规程附录 E.10.1。

2 工程地质柱状图应充分反映工程地质层的岩性、厚度、接触关系等；地层厚度应按柱状图比例尺绘制，并标注数值，对于软弱夹层、滑面（带）或重要结构面，如厚度太小，可以放大比例尺或以符号表示；当钻孔很深且单层厚度很大时，可以在中间打断，但应按实际标注厚度、层底高程。

3 地层描述时，岩层的描述内容主要包括风化程度、岩石名称、颜色、结构和构造、矿物成分、胶结类型、胶结程度、胶结物的性质、节理裂隙发育程度、强度、岩芯采取率、RQD 值等；土层的描述内容主要包括名称、颜色、结构、组成矿物或岩石、颗粒级配和颗粒形状、黏粒含量、夹层性状、包含物、湿度、密实程度或状态等，尤其应注意软土、膨胀土、湿陷性土、多年冻土、盐渍土、可液化土等类型的特殊性状，以及堆积层中的架空结构等。

4 当进行标准贯入或动力触探试验时，柱状图的测试成果栏中应标明其测试值。

5 桥涵地质柱状图尚应反映地基承载力基本容许值$[f_{a0}]$/桩侧摩阻力标准值 q_{ik}，单位为 kPa。

10.5.2 工程地质展示图应包括下列表示内容：

1 探槽、探洞仅绘制底板和一个侧壁，侧壁在上，底板在下，并标明探槽、探洞名称与编号、位置、走向等。

2 根据探槽、探洞各个面上的实测结果,连续绘制地层岩性、褶皱、断层、节理裂隙、地层接触关系等,并标注地层时代与成因、地层产状、构造线产状及编号、取样位置与编号等,并分段描述工程地质特征。

3 比例尺应根据探槽、探洞规模及地质条件复杂程度确定。

10.6 原位测试成果图表

10.6.1 原位测试成果图表应包括静力触探、十字板剪切、旁压试验、波速测井等。

条文说明

本节仅对常用的成果图表包含的主要内容予以说明。

10.6.2 静力触探成果图表应包括工点名称、勘探点编号、里程或坐标、勘探日期、孔口高程、孔深、探头类型及编号、率定系数、土层名称、层底深度、分层厚度、层底高程、地质柱状图、测试曲线(深度为纵坐标,比贯入阻力或锥尖阻力、侧壁摩阻力和摩阻比为横坐标)、各层对应的比贯入阻力或锥尖阻力、侧壁摩阻力值及换算的主要指标等。示例见本规程附录 E.11.1。

条文说明

静力触探可根据工程需要采用单桥探头、双桥探头或带孔隙水压力量测的单、双桥探头。

10.6.3 十字板剪切试验成果图表应包括工点名称、勘探点编号及坐标里程、勘探日期、孔口高程、十字板类型及编号、率定系数、土层名称、层底深度、分层厚度、层底高程、地下水位及地质柱状图、各测试点的深度及对应的原状土十字板强度、重塑土十字板强度和灵敏度值等。示例见本规程附录 E.11.2。

10.6.4 旁压试验成果图表应包括工点名称、勘探点编号、里程或坐标、试验日期、孔口高程、探头类型、试验地层、旁压曲线 V-P、弹性膜约束力标定曲线、初始压力、旁压临塑压力、旁压极限压力、旁压模量、旁压剪切模量等。示例见本规程附录 E.11.3。

10.6.5 波速测井成果图表应包括钻孔声波测井成果和钻孔剪切波速测试成果。

1 钻孔声波测井成果应包括工点名称、勘探点编号、里程或坐标、测试日期、孔口高程、仪器型号、钻孔柱状图、波速曲线,测试深度、纵波波速、岩块波速、完整性系数、完整程度等。示例见本规程附录 E.11.4。

2 钻孔剪切波速测试成果应包括工点名称、勘探点编号、里程或坐标、测试日期、终孔深度、仪器型号、孔口高程、钻孔柱状图、测试深度、走时、土分类、分层厚度、剪切波速、剪切波速曲线,分层计算波速、等效剪切波速、场地类别等。示例见本规程附录 E.11.5。

10.7 室内试验成果图表

10.7.1 室内试验成果图表应包括土工试验汇总表、岩石物理力学试验汇总表及相关试验曲线。

条文说明

由于这一部分图表种类较多,本节仅对常用的成果图表包含的主要内容予以说明。

10.7.2 土工试验汇总表应包括工点名称、勘探点编号及里程、报告日期,表头设置土样编号、取样深度、土分类、试验项目及试验指标(名称、试验条件、符号、单位)、备注栏等。示例见本规程附录 E.12.1。

10.7.3 岩石物理力学试验汇总表应包括工点名称、勘探点编号及里程、报告日期,表头设置岩样编号、取样深度、岩石名称、试验项目及试验指标(名称、试验条件、符号、单位)、风化程度、备注栏等。示例见本规程附录 E.12.2。

10.7.4 颗粒级配曲线应包括工点或路段名称、钻孔编号、钻孔位置、土样编号及取样深度,以颗粒粒径对数值为纵坐标、小于某粒级的颗粒占总重量的百分数为横坐标,绘制颗粒累计曲线,并提供界线粒径 d_{60}、平均粒径 d_{50}、中间粒径 d_{30}、有效粒径 d_{10} 等。示例见本规程附录 E.12.3。

10.7.5 $e\text{-}p$ 曲线、三轴压缩试验曲线、高压固结试验曲线成果图应包括工点名称、勘探点编号及里程、土样编号及取样深度。示例见本规程附录 E.12.4、E.12.5、E.12.6。

10.8 工程物探成果图表

10.8.1 工程物探成果图表应反映工程物探测试、解释的曲线、工作参数等。工程物探示例见本规程附录 E.13.1、E.13.2、E.13.3、E.13.4。

10.8.2 各类图表的编制应符合现行《公路工程物探规程》(JTG/T C22)的规定。

10.9 其他图表

10.9.1 其他图表包括勘察工作主要人员名单、目录、勘探点一览表、图例与符号。

10.9.2 参加勘察工作主要人员名单应采用表格形式表示,应反映参加勘察工作主要人员的姓名、职称、职务及工作内容。示例见本规程附录E.2。

10.9.3 目录应分为总目录和本册目录,采用表格形式表示。

 1 总目录应反映项目勘察报告所包含的文件册数、分册编号及工点,表头依次为序号、内容或工点名称、工点编号及页码。示例见本规程附录E.3.1。

 2 本册目录应反映本册勘察报告所包括的内容,表头依次为序号、工点或图表名称、图(表)号、页数、页码。示例见本规程附录E.3.2。

10.9.4 勘探点一览表应反映项目或工点勘探点详细情况,包括勘探点序号、工点名称、勘探点/线编号、勘探点位置(里程及左右偏移距离)、坐标、勘探点地面高程、设计孔深、勘探孔深、地下水位埋深等。示例见本规程附录E.5.1。

10.9.5 图例与符号应汇总表示,并附在每册报告中。图例方框尺寸18mm×9mm,示例见本规程附录E.6.1。

11 勘察报告装帧与编排

11.1 一般规定

11.1.1 勘察报告图幅宜采用A3，文字报告页面可按两幅分栏。当工程地质图表长度超过A3时，宜按A3图幅分页成图；当宽度超过A3图幅时，其尺寸应符合现行《道路工程制图标准》（GB 50162）的规定，按420mm×297mm折叠。

条文说明

根据交通运输部《公路工程基本建设项目设计文件编制办法》规定，各种设计图纸的幅面尺寸，一般采用$L=420$mm、$B=297$mm，即A3图幅。

11.1.2 勘察报告封面的基本要素应与设计文件保持一致，并按勘察阶段采用不同的颜色。预可阶段应采用淡黄色，工可阶段应采用墨绿色，初步工程地质勘察阶段应采用淡绿色，详细工程地质勘察阶段宜采用奶油白色或象牙白色。

11.1.3 每册厚度不宜超过250页。

11.1.4 总说明应按如下顺序装订：
1 封面、封面副页。
2 扉页。
3 参加勘察工作主要人员名单。
4 总目录与本册目录。
5 文字报告。
6 勘探点一览表。
7 图例与符号。
8 全线工程地质平面图。
9 全线工程地质纵断面图。
10 其他图表或附件。

11.1.5 工点工程地质勘察报告应按路基工程、桥涵工程、隧道工程、路线交叉工程、沿线设施工程、沿线筑路材料料场及弃土场、线外工程及连接线顺序编制分册，各类工点分册按如下顺序装订：

    1 封面、封面副页。

    2 扉页。

    3 总目录与本册目录。

    4 图例与符号。

    5 XX 工点工程地质勘察报告

    1）文字报告。

    2）工程地质平面图。

    3）工程地质纵断面。

    4）工程地质横断面。

    5）工程地质柱状图。

    6）原位测试成果资料。

    7）土工试验汇总表。

    8）岩石物理力学试验汇总表。

    9）工程物探成果资料。

    10）附件。

    6 YY 工点工程地质勘察报告

    ……

11.2　勘察报告的封面、封面副页、扉页

11.2.1　勘察报告封面应反映公路路段、建设项目名称或工程代号及起止里程桩号、路线长度、勘察阶段及勘察报告名称、册数及分册号（第××册 共××册，第××分册 共××分册）、勘察单位名称及文件编制年月、地址，见本规程附录 E.1.1、E.1.3。

11.2.2　勘察报告封面副页的页面格式与封面一致，用于加盖单位文件出版专用章。

11.2.3　勘察报告扉页的内容应包括公路路段、建设项目名称或工程代号及起止里程桩号、路线长度、勘察阶段及勘察报告名称、册数、各册组成内容及分册号（第××册 共××册 第××分册 共××分册）、各级负责人及签名，见本规程附录 E.1.2、E.1.4。

11.3　勘察报告分册

11.3.1　工程可行性研究阶段的工程地质勘察报告应按项目成册，并根据图表数量按规定分册装订。

11.3.2　初步工程地质勘察报告应按设计合同段编制分册，并满足下列规定：

1 第一册　总说明应包含文字报告、相关图表、全线工程地质平面图、全线工程地质纵断面及附件等。

2 第二册　路基工程,可按一般路基、高路堤、陡坡路堤、高边坡或深路堑、支挡工程及河岸防护工程分类顺序汇集成册,同种类型以里程桩号从小到大排列。

3 第三册　桥涵工程,可按特大桥、大桥、中桥、小桥、通道、涵洞工程分类顺序汇集成册,同种类型以里程桩号从小到大排列。

4 第四册　隧道工程,可按里程桩号从小到大顺序汇集成册。

5 第五册　路线交叉工程,可按互通式立体交叉、分离式立体交叉工程分类顺序汇集成册,同种类型以里程桩号从小到大排列。

6 第六册　沿线设施工程,可按服务区、收费站、管理养护工区分类顺序汇集成册,同种类型以里程桩号从小到大排列。

7 第七册　沿线筑路材料料场及弃土场可按料场、弃土场分类顺序汇集成册,同种类型以里程桩号从小到大排列。

8 第八册　线外工程,可按改路、改河、改沟、改渠工程的分类顺序汇集成册,同种类型以里程桩号从小到大顺序排列。

9 第九册　连接线,连接线工程地质勘察报告应独立成册,并按总说明、路基工程、桥涵工程、隧道工程、路线交叉、沿线设施、线外工程的顺序汇总装订,必要时可以进一步分册。

条文说明

若各册报告的页码数量过多,可以继续划分分册;若某册报告页码数量过少,可以与前册或后册报告合并;若某册报告缺失时,册号依次递进。

11.3.3 详细工程地质勘察报告应按施工合同标段分段装订,合同段内分册除应符合本规程第11.1.4、11.1.5、11.3.2条的有关规定外,尚应符合下列规定:

1 第一册　总说明。

1)封面、封面副页。

2)扉页。

3)参加勘察工作主要人员名单。

4)总目录与分册目录。

5)标段总说明。

6)标段勘探点一览表。

7)图例与符号。

8)标段工程地质平面图。

9)标段工程地质纵断面图。

10)其他图表或附件。

2 第二册　路基工程。

3 第三册 桥涵工程。

……

11.4 图表号

11.4.1 图表号采用"勘察阶段+报告分册号-工点序号-图表序号"三级编码,其中"报告分册号-工点序号"组成工点编号,并应符合下列规定:

1 勘察阶段用大写拼音字母表示,初勘阶段-C,详勘阶段-X。

2 报告分册号采用罗马数字序号表示,总说明-Ⅰ,路基工程-Ⅱ,桥梁工程-Ⅲ,隧道工程-Ⅳ,路线交叉工程-Ⅴ,沿线设施工程-Ⅵ,沿线筑路材料料场及弃土场-Ⅶ,线外工程-Ⅷ,连接线-Ⅸ。

3 工点序号用阿拉伯数字表示,按同一工程类型的工点顺序编号,即1、2、3…。

4 图表序号按图表类型采用阿拉伯数字排序,图例与符号-0,平面图-1,纵断面-2,横断面-3,地质柱状图-4,原位试验-5,土工试验汇总表-6,岩石试验汇总表-7,水腐蚀性分析结果-8,土腐蚀试验结果-9,物探测试成果-10等。

条文说明

2 分册号为固定编码,当某项目缺失时该编码空缺。

3 总说明中图例与符号、全线工程地质平面图、全线工程地质纵断面图等图表号不设工点序号。

4 图表序号在同一项目基本固定,如果某工点个别内容缺失该号可空缺;不足时可顺序接续。如CⅢ-3-2表示"初步工程地质勘察报告第三册第三座桥梁工程地质纵断面图"。

11.4.2 图表号应用于本册目录和图件标题栏,工点编号应用于总目录和本册目录。

附录 A 工程地质勘察总说明基本格式

1 前言
1.1 任务依据
1.2 勘察目的与任务
1.3 工程概况
1.4 技术标准与参考资料
1.5 勘察方法
1.6 勘察工作量布置原则
1.7 勘察工作量
1.8 勘察工作综述
1.9 上阶段审查咨询意见的执行情况及简要说明
2 自然地理概况
2.1 地理位置
2.2 气象
2.3 水文
2.4 其他需要说明的事项
3 工程地质条件
3.1 地形地貌
3.2 地层岩性
3.3 地质构造
3.4 新构造运动与地震
3.5 水文地质
3.6 不良地质与特殊性岩土
3.7 天然筑路材料
4 总体工程地质评价
4.1 区域稳定性与适宜性
4.2 工程地质特征评价
4.2.1 工程地质层划分
4.2.2 工程地质层物理力学指标
4.2.3 工程地质层岩土设计参数
4.3 不良地质与特殊性岩土评价

4.3.1 不良地质评价

4.3.2 特殊性岩土的工程地质评价

4.4 水、土腐蚀性评价

4.5 天然筑路材料评价

4.6 环境工程地质问题评价

5 路线工程地质评价

5.1 路线工程地质分区与评价

5.2 路基工程地质评价

5.3 桥涵工程地质评价

5.4 隧道工程地质评价

5.5 路线交叉工程地质评价

5.6 沿线设施工程地质评价

5.7 线外工程工程地质评价

5.8 连接线工程地质评价

6 路线走廊或路线方案工程地质比选

7 结论与建议

8 图表

9 附件

附录 B 工点工程地质勘察报告基本格式

1 勘察概述
1.1 工程概况
1.2 工作概况
2 场地工程地质条件
2.1 地形地貌
2.2 地层岩性
2.3 地质构造
2.4 地表水与地下水
2.5 不良地质与特殊性岩土
3 工程地质特征与评价
3.1 工程地质层特征
3.2 工程地质评价
3.2.1 场地稳定性评价
3.2.2 场地地震效应
3.2.3 场地水、土对建筑材料的腐蚀性
3.2.4 特殊性岩土工程地质评价
3.2.5 岩土设计参数
3.2.6 工程地质问题评价
3.3 工程对策
4 结论与建议
5 图表
6 附件

附录 C 公路工程地质分区的原则

C.0.1 工程地质区(一级分区)应以地形地貌作为主要分区要素,考虑地质构造、地震等,对勘察区进行一级分区。一级分区主要结合现场工程地质调查和测绘资料等,分析研究区域地形地貌特征,确定工程地质分区的标准。一级分区用罗马数字表示,Ⅰ代表一区、Ⅱ代表二区、Ⅲ代表三区,依此类推。

C.0.2 工程地质亚区(二级分区)应以岩土类型作为二级分区的主要标志,对一级分区进行二级划分。在同一工程地质区内,结合工程地质调查、测绘及勘探资料,根据不同的岩土类型划分出次级分区——工程地质亚区,如基岩工程地质亚区、第四系松散堆积工程地质亚区等。二级分区采用阿拉伯数字编排序号,以下标的形式排在一级分区符号之后,例如$Ⅱ_2$。

C.0.3 路段(三级分区)应以岩土特殊性质作为第三级分区的主要标志,对工程地质亚区进一步划分出次级分区——路段,如软土路段、膨胀土路段等。采用小写英文字母,以下标的形式排在二级分区符号之后,例如$Ⅱ_{2a}$。

条文说明

C.0.1~C.0.3 公路工程是一种线性工程,一条公路往往跨越多个不同的地貌、地质单元。为了深入研究公路沿线的工程地质条件,在对拟建公路进行工程地质勘察时,首先要研究公路沿线的宏观工程地质条件,根据工程地质条件的相似程度将全线(走廊带)划分为不同的工程地质区,并根据工程地质区内工程地质条件的变化进行次级分区(工程地质亚区和工程地质路段)。

附录 D 工程地质层代号

D.0.1 工程地质层代号可按照"由上至下连续编号法""岩性分类编号法""成因-时代-岩性-状态编号法"及"罗马数字加上下标编号法"等方法选择编排。

条文说明

对于地层简单或独立工程,推荐采用"由上至下连续编号法"或"岩性分类编号法"进行工程地质层代号编排;对于地层比较复杂的项目或整个项目要求工程地质层统一编号的项目,推荐采用"成因-时代-岩性-状态编号法"或"罗马数字加上下标编号法"进行工程地质层代号编排。

D.0.2 一个项目或工点的工程地质层代号初步工程地质勘察与详细工程地质勘察应保持一致。

条文说明

工程地质层代号要体现系统性、唯一性、直观性,以便于信息化管理。

D.0.3 "由上至下连续编号法"应按照地层时代及成因与工程地质层顺序号组合编号,工程地质层顺序号从上至下连续编号,即采用①、②、③…的代号表示。

D.0.4 "岩性分类编号法"应按照地层时代及成因与岩性分类组合编号,岩性按黏性土、砂土、碎石土、岩石大类,分别采用1、2、3、4表示,用-1、-2、-3…表示进一步分层,如1-1表示黏土,1-2表示粉质黏土等。

D.0.5 "成因-时代-岩性-状态编号法"应按照成因-时代-岩性-状态分四级,用阿拉伯数字或阿拉伯数字与小写英文字母组合作为工程地质层代号,并符合下列规定:

1 工程地质层代号宜采用四级编号,首级代号应采用带圆圈的数字。当成因、时代、岩性构成单一时可省略对应层级编号。

2 成因顺序号与正文"工程地质条件"中的"地层岩性"顺序号相同。黄土层中的古土壤可不考虑其残积成因。

3 时代编号时,第四系宜按统编号,岩石宜按系、统或群、岩组编号。

4 岩性应区分土类、岩类,并按下列原则编号:

1）土类宜按 01-泥炭、02-淤泥、11-黏土、12-粉质黏土、13-粉土、21-粉砂、22-细砂、23-中砂、24-粗砂、25-砾砂、31-圆砾、32-角砾、41-卵石、42-碎石、51-漂石、52-块石、61-黄土状土、62-新黄土、63-老黄土、64-古土壤进行编号，当上述代号不足时，可以按 7×两位数字编号接续。

2）岩类地层宜按埋藏条件按自上而下或从小里程到大里程的次序编号；当需要划分亚层时，可以在岩性代号后用小写英文字母表示。

5 状态编号根据岩土状态分为多个序列，编号固定且唯一。

1）黏土、粉质黏土按塑性状态分为 1-流塑、2-软塑、3-可塑、4-硬塑、5-坚硬。

2）粉土、砂土、碎石土按密实度分为 1-松散、2-稍密、3-中密、4-密实。

3）岩石按风化状态分为 1-全风化、2-强风化、3-中风化、4-微风化、5-未风化。对于风化状态不易判识的极软岩可以不区分风化状态。

6 第一级代号采用带圆圈的数字序号，第二级之后采用数字或数字与英文小写字母的组合，各级之间用短线隔开。

条文说明

工程地质层代号宜采用四级编号，当成因、时代、岩性构成单一时可省略对应层级编号。举例：①-1-22-2 表示"第四系全新统人工堆积稍密细砂"；⑤-3-2-3 表示"三叠系下统大冶群中风化钙质砂岩"。

D.0.6 "罗马数字加上下标编号法"应按照地层时代及成因与罗马数字加上下标的组合作为工程地质层代号，并应符合下列规定：

1 地层时代及成因采用地质时代与成因类型复合代号表示，成因类型用上标，如 Q_4^{al}。地质时代与成因类型代号见本规程附录 E 第 E.6 节。

2 罗马数字加上下标反映岩土类别：

1）罗马数字所代表的岩土：

——Ⅰ-填土；

——Ⅱ-黏性土；

——Ⅲ-砂性土；

——Ⅳ-碎石类土；

——Ⅴ-特殊土：V_{SO}-软土、V_Y-黄土、V_{Rg}-花岗岩残积土、V_{Rc}-红黏土；

——Ⅵ-岩石。

2）阿拉伯数字作为下标，土类表示土名，岩石表示风化程度+岩石名称：

——$Ⅰ_1$-素填土、$Ⅰ_2$-杂填土、$Ⅰ_3$-吹填土、$Ⅰ_4$-填筑土；

——$Ⅱ_1$-黏土、$Ⅱ_2$-粉质黏土、$Ⅱ_3$-粉土；

——$Ⅲ_1$-粉砂、$Ⅲ_2$-细砂、$Ⅲ_3$-中砂、$Ⅲ_4$-粗砂、$Ⅲ_5$-砾砂；

——$Ⅳ_1$-圆砾、$Ⅳ_2$-角砾、$Ⅳ_3$-卵石、$Ⅳ_4$-碎石、$Ⅳ_5$-漂石、$Ⅳ_6$-块石；

——V_{SO}-软土：V_{SO1}-软黏土、V_{SO2}-淤泥质土、V_{SO3}-淤泥、V_{SO4}-泥炭质土、V_{SO5}-

泥炭；

——V_Y-黄土：V_{Y1}-新近堆积黄土、V_{Y2}-黄土状土、V_{Y3}-马兰黄土、V_{Y4}-离石黄土、V_{Y5}-午城黄土；

——V_{Rg}-花岗岩残积土：V_{Rg1}-砾质黏性土、V_{Rg2}-砂质黏性土、V_{Rg3}-黏性土；

——V_{Rc}-红黏土：V_{Rc1}-原生红黏土、V_{Rc2}-次生红黏土；

——Ⅵ-岩石：$Ⅵ_{1N}$-全风化 N 岩、$Ⅵ_{2N}$-强风化 N 岩、$Ⅵ_{3N}$-中风化 N 岩、$Ⅵ_{4N}$-微风化 N 岩、$Ⅵ_{5N}$-未风化 N 岩。

3）用阿拉伯数字上标表示黏性土的状态、砂土和碎石土的密实程度、岩体的坚硬程度：

——黏性土（包括全风化为黏性土状者）：1-流塑、2-软塑、3-可塑、4-硬塑、5-坚硬；

——粉土：1-稍密、2-中密、3-密实；

——砂土（包括全风化为砂土状者）：1-松散、2-稍密、4-中密、5-密实；

——碎石土（包括强风化层）：1-松散、2-稍密、3-中密、4-密实；

——岩石：1-极软岩、2-软质岩、3-硬质岩、4-极硬岩。

条文说明

N 代表常见岩石名称，见表 E-1。

表 E-1 常见岩石名称

N	岩 石 名 称	N	岩 石 名 称	N	岩 石 名 称
01	泥岩	41	片麻岩	71	花岗岩
02	砂岩	42	片岩	72	正长岩
03	页岩	43	千枚岩	73	闪长岩
04	角砾岩	44	板岩	74	辉长岩
05	石灰岩	45	大理岩	75	流纹岩
06	白云岩	46	石英岩	76	粗面岩
07	盐岩	47	混合花岗岩	77	安山岩
08	石膏	48	糜棱岩	78	玄武岩
...					

对于岩土类型或强度状态呈交互层状分布的工程地质层代号，可以叠加表示，主要的在前，次要的在后。举例：同类型的土 $Q_4^{al} Ⅱ_{1+2}^{1+2}$ 表示流塑—软塑状的第四系全新统冲积黏土加粉质黏土；不同类型的土 $Q_4^{al} Ⅱ_2^2 + Ⅲ_1^2$ 表示第四系全新统冲积软塑粉质黏土夹稍密粉砂。

附录 E 图表示例

本图表示例仅提供了常用图表的典型示例，其他未列图表可参照相关图表编制。

E.1 封面与副页、扉页

E.1.1 初步工程地质勘察报告封面与副页

×××至×××高速公路 ——宋体加黑一号
×××至×××段

K×××+××××~K××××+×××× ——宋体加黑70号
第×册 共×册 ——宋体加黑一号
（第×分册 共×分册） ——宋体加黑一号
 ——宋体加黑小一号

初步工程地质勘察报告

※无分册时第×分册 共×分册
取消，下同。

（勘察单位全称） ——宋体加黑小一号
××××年×月·（地址） ——宋体加黑小一号

E.1.2 初步工程地质勘察报告扉页

×××至××××高速公路
×××至×××段

初步工程地质勘察报告

K×××+×××～K×××+×××
第×册 共×册
（第×分册 共×分册）

——宋体加黑一号

——宋体加黑一号
——宋体加黑一号
——宋体加黑小一号

项目技术负责：
项 目 负 责：
分院总工程师（生产单位）：
分 院 院 长（生产单位）：
总 工 程 师：
院　　　　长：

——宋体加黑小二号

★第一册　总说明
第二册　路基工程
第三册　桥梁工程
第四册　隧道工程
第五册　路线交叉工程
第六册　沿线设施工程
第七册　沿线筑路材料及弃土场
第八册　线外工程
第九册　连接线

※ 本格式适用于初步工程地质勘察及未划分合同段详细工程地质勘察报告编制。

E.1.3 详细工程地质勘察报告封面与副页

×××至×××高速公路　　　——宋体加黑一号
×××至×××段

详细工程地质勘察报告　　——宋体加黑70号

×××合同段　　——宋体加黑一号
(K××××+××××～K××××+××××)
第×册　共×册　　——宋体加黑一号
(第×分册　共×分册)　——宋体加黑小一号

※ 无分册时第×分册 共×分册取消，下同。

(勘察单位全称)　　——宋体加黑小一号
××××年×月 · (地址)　　——宋体加黑小一号

E.1.4　详细工程地质勘察报告扉页

×××至×××高速公路　——宋体加黑一号

×××至×××段

详细工程地质勘察报告 ——宋体加黑70号

×××合同段 ——宋体加黑一号

（K×××+××××～K××××+××××）

第×册　共×册 ——宋体加黑一号

（第×分册　共×分册）

项目技术负责：　——宋体加黑小二号

项 目 负 责：

分院总工程师（生产单位）：

分 院 院 长（生产单位）：

总 工 程 师：

院　　　　　长：

★第一册　第一合同段

第二册　第二合同段

第三册　第三合同段

第四册　第四合同段

......

第×册　第×合同段

E.2 主要勘察人员名单

主要勘察人员名单

序号	姓名	职称	工作项目或内容

主要勘察人员名单

序号	姓名	职称	工作项目或内容

E.3 目录

E.3.1 总目录

总 目 录

第 页 共 页

序号	内容或工点名称	工点编号	备注
	总说明 第一册 共×分册		
	第一分册 共×分册		
1	主要勘察人员名单		
2	总说明		
3	附表/附件		
4	专项报告		
5	工程照片		
6	勘探点一览表		
	第二分册 共×分册		
7	图例与符号	I-0	
8	全线工程地质平面图	I-1	
9	全线工程地质纵断面	I-2	
	路基工程 第二册 共×分册		
	第一分册 共×分册		
1	××深挖路堑1	II-1	
2	××深挖路堑2	II-2	
3	××高填方1	II-3	
	桥梁工程 第×分册 共×分册		
1	××桥梁1	III-1	
2	××桥梁2	III-2	
3	××桥梁3	III-3	
4	××桥梁4	III-4	
5	××桥梁5	III-5	

序号	内容或工点名称	工点编号	备注

E.3.2 本册目录

本 册 目 录

第 页 共 页

序号	工点或图表名称	图(表)号	页数	页码
	桥梁工程 第三册 共×册			
	第一分册 共×分册			
1	图例与符号	Ⅲ-0-1	3	1~3
2	××桥梁1	Ⅲ-1		
3	说明书		15	4~18
4	工程地质平面图	Ⅲ-1-1	3	19~21
5	工程地质纵断面	Ⅲ-1-2	3	22~24
6	工程地质横断面	Ⅲ-1-3	1	25
7	地质柱状图	Ⅲ-1-4	8	26~33
8	土工试验汇总表	Ⅲ-1-5	8	34~40
9	岩石试验汇总表	Ⅲ-1-6	8	41~48
10	水腐蚀性分析结果表	Ⅲ-1-7	1	49
11	土腐蚀性分析结果表	Ⅲ-1-8	1	50
12	物理勘探试验图表	Ⅲ-1-9	8	51~58

序号	工点或图表名称	图(表)号	页数	页码

E.4 图表标准图框

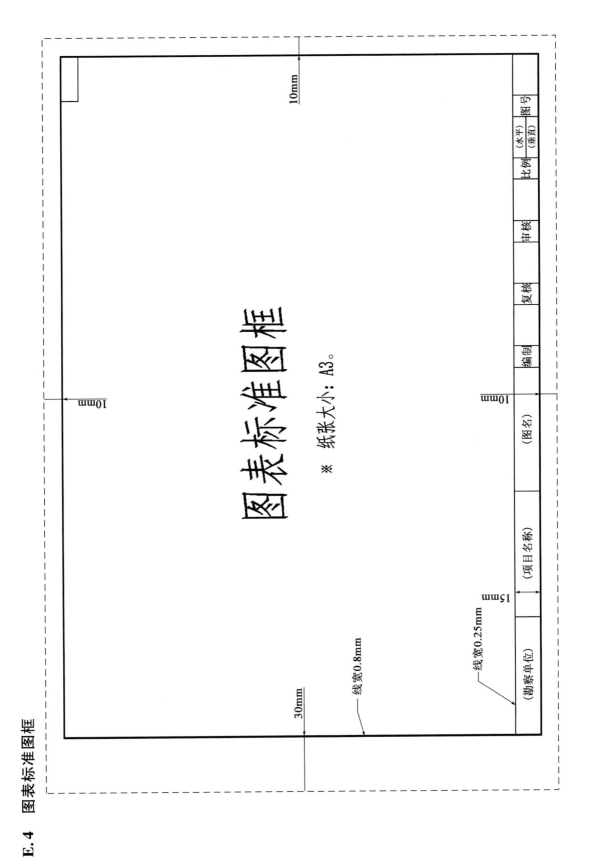

E.5 勘探点一览表

勘探点一览表

工程名称：

序号	工点名称	勘探点编号	勘探点位置			孔口高程 (m)	设计孔深 (m)	勘探孔深 (m)	地下水位埋深 (m)
			里程桩号及偏移	X (m)	Y (m)				

注：1. 附表中表头仅列出常用勘探孔（例如钻探、挖探、钎探、静探）的统计内容及形式，对于物探测线及点的统计内容，可根据工程需要自拟。
2. 没有特殊要求的情况下，默认的探点（线）按照里程桩号进行排序。

E.6 图例与符号

1. 地层符号						
1.1 地层时代						
Q	第四系	Q^{gl}	冰水沉积层		冲填土	泥灰岩
N	新近系	Q^f	沼泽沉积		表土	白云岩
E	古近系	Q^l	湖泊沉积		黏土	煤层
K	白垩系	Q^m	海相沉积		粉质黏土	石膏
J	侏罗系	Q^{mc}	海陆交互相沉积		粉土	岩盐
T	三叠系	Q^b	生物堆积	f,x,z,c,l		3.3 岩浆岩
P	二叠系	Q^v	火山堆积		冻土	花岗岩
C	石炭系	Q^{me}	填土		黄土	花岗闪长岩
D	泥盆系	2. 岩浆岩符号			黄土状土	流纹岩
S	志留系	γ	花岗岩		古土壤	花岗斑岩
O	奥陶系	γ_p	花岗伟晶岩		淤泥质土	闪长岩
∈	寒武系	λ_x	流纹斑岩、石英斑岩		淤泥	正长岩
Z	震旦系	γ_x	花岗斑岩		泥炭质土	火山凝灰岩
Kz	新生界	λ	流纹岩		泥炭	安山岩
Mz	中生界	γ_δ	花岗闪长岩		冰碛层	辉长岩
Pz	古生界	δ	闪长岩		冰层	橄榄岩
Pt	远古界	ξ	正长岩		块石	玄武岩
Ar	太古界	υ	辉长岩		碎石	
1.2 第四系地层及成因		ψ_1	辉岩			
Q_4	全新统	σ	橄榄岩		角砾	
Q_3	上更新统	ζ	英安岩		漂石	
Q_2	中更新统	τ	粗面岩		卵石	
Q_1	下更新统	α	安山岩		圆砾	
Q^{el}	残积	δ_μ	闪长玢岩等	粉、细、中、粗、砾砂		
Q^{dl}	坡积	α_μ	鞍山玢岩		3.2 沉积岩	
Q^{al}	冲积	δ_a	石英闪长岩		砾岩	
Q^{pl}	洪积	ε	霞石正长岩		角砾岩	
Q^c	崩积	β_μ	辉绿岩（玢岩）		砂岩	
Q^{del}	滑坡堆积	β	玄武岩、粗玄岩		页岩	
Q^{sef}	泥石流堆积	υ	浮岩、黑曜岩		泥岩（黏土岩）	
Q^{eol}	风积	3. 岩性花纹			泥质砂岩	
Q^{gl}	冰碛	3.1 第四系			砂质泥岩	
			素填土		炭质泥岩	
			杂填土		石灰岩	
					白云质灰岩	
					炭质灰岩	

（勘察单位）	（项目名称）	图例与符号	编制	复核	审核	比例	图号

公路工程地质勘察报告编制规程（T/CECS G:H24—2018）

（勘察单位）	（项目名称）	图例与符号	编制	复核	审核	比例	图号

表格内容（图例符号表）：

3.4 变质岩：蛇纹岩、片岩、千枚岩、板岩、角闪片岩、片麻岩、角页岩、花岗片麻岩、混合岩、石夹片岩、大理岩、白云大理岩、硅质岩、石英岩、构造角砾岩、断层角砾

4. 平面图用
4.1 地质构造：层理产状、节理产状、片理/页理产状（箭头指顶面）、垂直地层（箭头指顶面）、向斜、背斜、垂直节理、张开节理产状、正断层的产状、逆断层的产状、逆掩断层的产状、平移断层、断层破碎带

4.2 地貌及不良地质：不整合接触线、V形谷/峡谷、河流阶地（数字为相对高度）、冲沟、坡面剥落、崩塌、岩堆、泥石流、滑洞、岩溶湖、水库明岸线、暗河（上为进口，下为出口）、溶蚀洼地、溶蚀凹陷、漏斗、溶水洞、岩溶、陷穴、暗洞、采空区、冻胀丘、冰锥、热融滑塌、地面裂缝（虚线为推断裂缝）

4.3 水文地质：井、上升泉、下降泉、地下水等水位线或基岩等高线、取水样钻孔、抽水（提水）试验井、水文地质试验孔

4.4 勘探点：钻孔编号/深度(m)、挖探点编号/深度(m)、静力触探点编号/深度(m)、十字板/旁压点编号/深度(m)、电探点编号/解释深度(m)、震探点编号/解释深度(m)、面波点编号/解释深度(m)、工程地质层编号、重Ⅱ试验位置、标准贯入试验位置、取原状土试验位置、取岩样试验位置、荷载试验地点、大型直剪试验、取水样钻孔、抽水（提水）试坑、取水样试坑

4.5 地质界线及符号：工程地质分区界线、设计中线、地面线、时代界线、岩层分界线（断面图用，虚线为推断部分）、岩层风化带分界线（断面图用）、多年冻土下限、多年冻土上限、地表水位、地下水位线、微风化、中风化、强风化、全风化、工程地质分区编号（IIa）、岩层分界线（平面图用）、地震动峰值加速度反映谱特周期分区地震基本烈度分区、指北针符号、5.断面图或柱状图

注：
1. 图中仅列出常用的图例与符号，其他按相关规范规定。
2. 平面图图例中方形规格统一为长×宽=5mm×3mm；圆形直径=1.5mm。断面图或柱状图图例中方形规格1mm；圆形或直径均为1mm。
3. 断面图或柱状图中测点图标。
4. 地层图例或成因复杂时，可以采用不超过两种的组合表达。

E.7 工程地质平面图

E.7.1 路线工程地质平面图

E.7.2 工点工程地质平面图

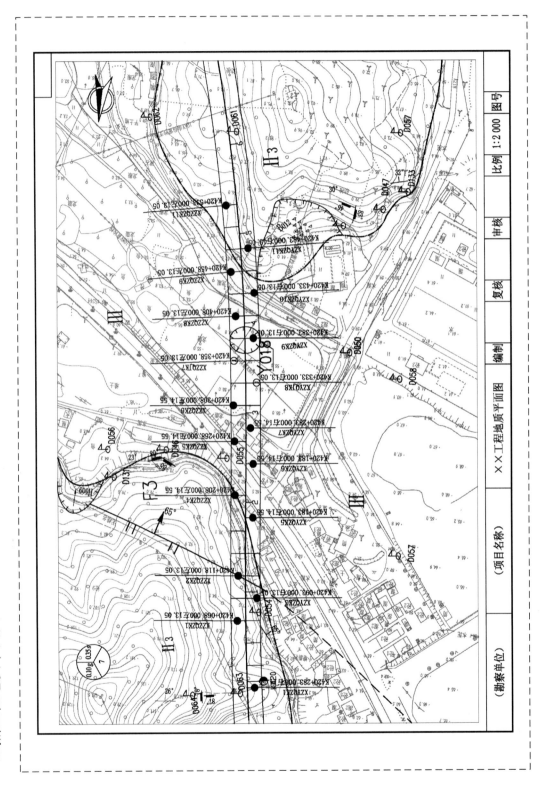

E.8 工程地质断面图

E.8.1 路线工程地质纵断面图

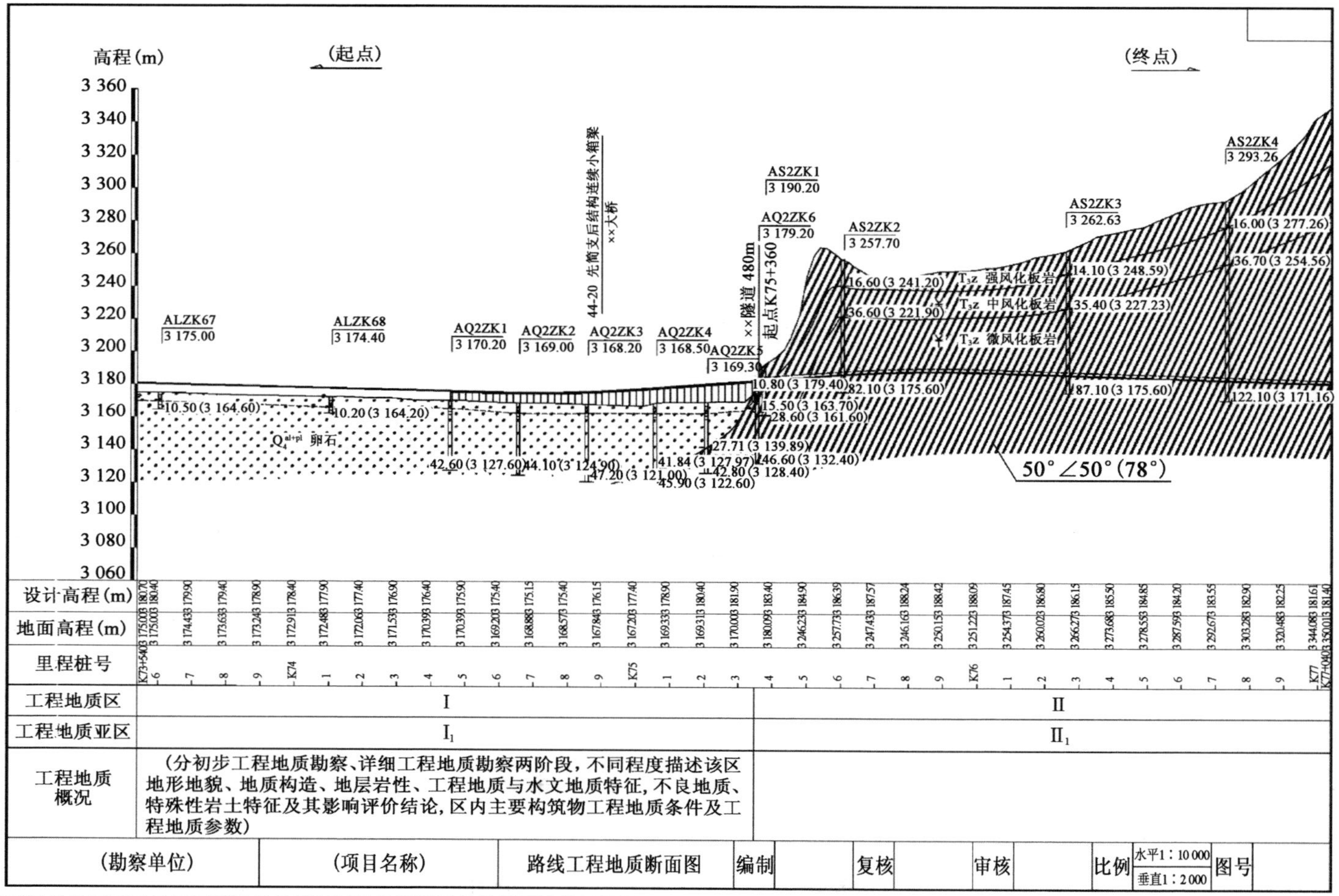

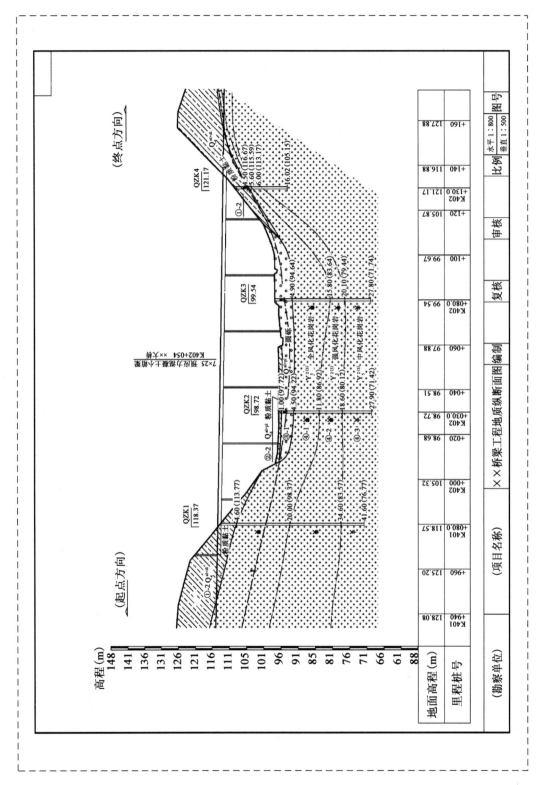

E.8.2 桥梁工程地质纵断面图

E.8.3 隧道工程地质纵断面图

E.8.4 路堤工程地质横断面图

E.8.5 路堑工程地质横断面图

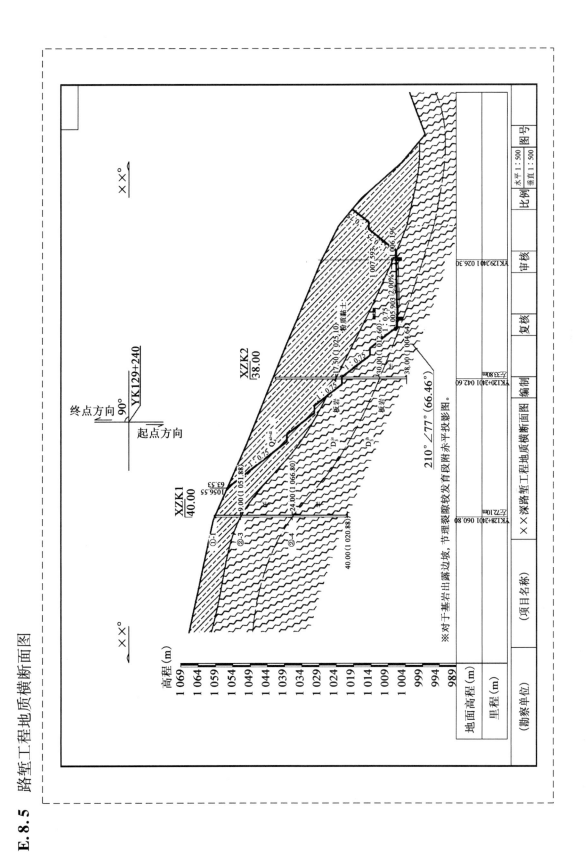

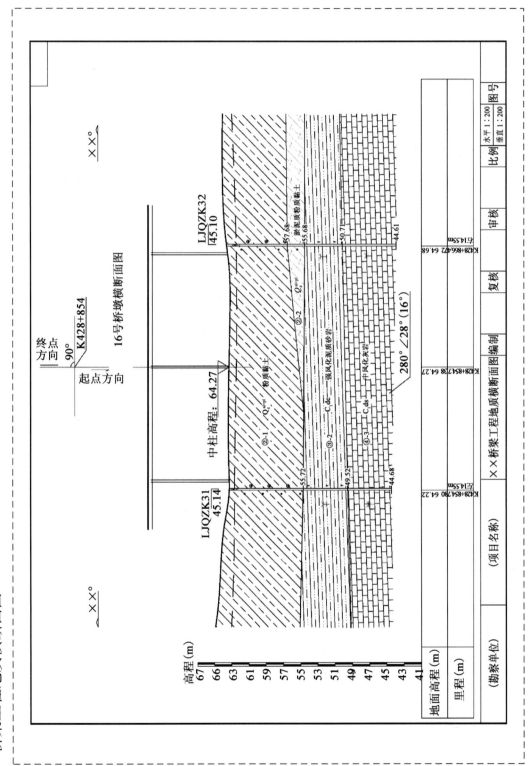

E.8.6 桥梁工程地质横断面图

E.8.7 隧道工程地质横断面图

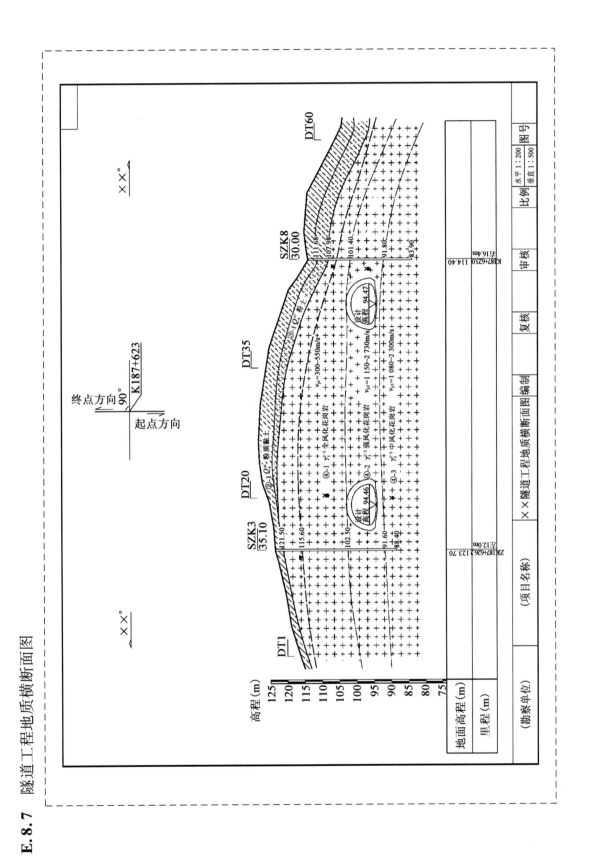

E.9 工点工程地质综合图表

E.9.1 多勘探点工程地质综合图表

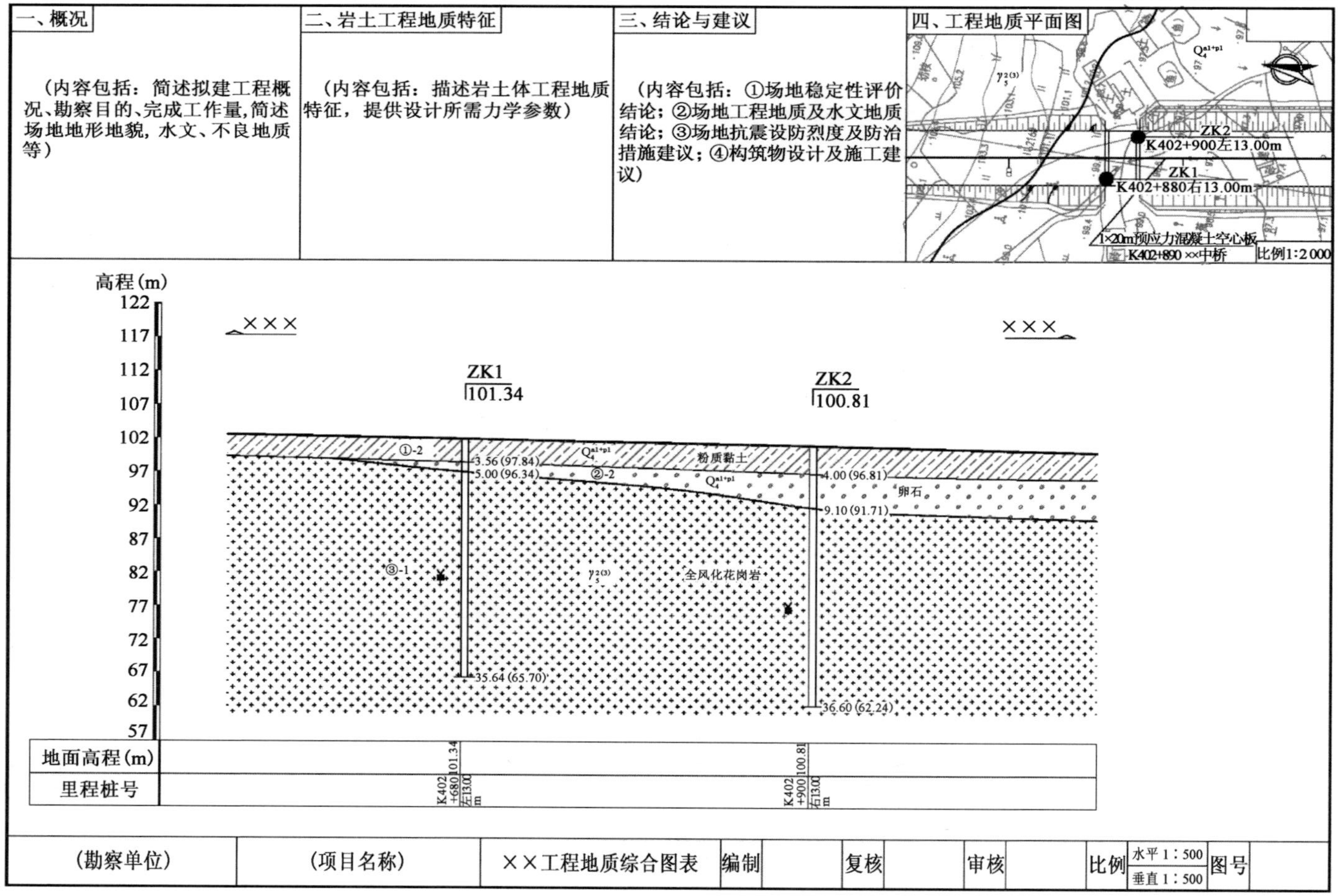

E.9.2 单勘探点工程地质综合图表

×××工程地质勘察说明

一、概况

（内容包括：简述拟建工程概况、勘察目的、完成工作量，简述场地地形地貌、水文、不良地质等）

二、岩土工程地质特征

（内容包括：描述岩土体工程地质特征，提供设计所需力学参数）

三、结论与建议

（内容包括：①场地稳定性评价结论；②场地工程地质及水文地质结论；③场地抗震设防烈度及防治措施建议；④构筑物设计及施工建议）

工点名称								坐标	X=		
勘探孔编号						孔口高程			Y=		
里程						开工日期		竣工日期			
地层编号	成因时代	层底高程(m)	层底深度(m)	层厚(m)	地层岩性(1:50)	岩性描述	地下水位 深度/高程	取样位置(m)	标准贯入、动力触探	承载力基本容许值$[f_{a0}]$(kPa)	摩阻力标准值q_{ik}(kPa)

（勘察单位）	（项目名称）	××工程地质综合图表	编制		复核		审核		比例		图号	

E.9.3 工点工程地质评价汇总表

××工程地质评价汇总表

序号	起讫里程	构筑物形式	长度(m)	场地工程地质条件	工程地质评价	承载力基本容许值 $[f_{a0}]$ (kPa)	摩阻力标准值 $[q_{ik}]$ (kPa)	建议	备注

(勘察单位)　(项目名称)　××工程地质评价汇总表　编制　复核　审核　比例　图号

E.10 钻孔工程地质柱状图

钻孔工程地质柱状图

工程名称	××		孔口高程	342.63m		坐标	X=2 654 229.259			
勘探孔编号	ZK1		开工日期	2013.10.03			Y=493 912.973			
里程	ZK381+594.10 止 43.60m					竣工日期	2013.10.08			
地层编号	成因时代	层底高程(m)	层底深度(m)	层厚(m)	地层岩性(1:100)	岩性描述	地下水位深度 高程	取样位置(m)	标准贯入动力触探	承载力基本容许值 $[f_{a0}]$ (kPa)	摩阻力标准值 q_{ik} (kPa)
⑤-1 $\gamma_5^{2(3)}$		339.63	3.00	3.00		全风化花岗岩：灰褐色，原岩结构尚可辨认，基本破坏，岩体极破碎，为散体结构类型，岩芯呈砂土状，表层0.4m为黑色表土	342.43				
⑤-2 $\gamma_5^{2(3)}$		335.23	7.40	4.40		强风化花岗岩：灰白色，构造大部分变化，节理裂隙极发育，岩体极破碎，结构类型为散体状结构，岩芯多呈土状，块状及部分砂土状		g1 5.30-5.70	N>50 3.55-3.85		
								g2 7.80-8.20			
						中风化花岗岩：灰白色，粗粒花岗岩结构，矿物成分以石英长石为主，节理裂隙发育，裂隙倾角60°~78°，平均面见充生矿物，裂隙度5条/m，分布0.20m，硅质胶结，结合程度差。其中4.40-10.70m,19.85-22.10m,岩体破碎，为碎裂状结构类型，岩芯呈块状，夹少量短柱状，10.70-19.85m岩体较完整，为裂隙块状结构类型，岩芯呈短柱状，夹少量长柱状，最大节长可达65cm，锤击声脆		g3 12.60-13.00			
⑤-3 $\gamma_5^{2(3)}$								g4 17.00-17.50			

(勘察单位)   (项目名称)   钻孔工程地质柱状图   编制   复核   审核   比例 1:100   图号

注：1.钻孔地质柱状图示例内容参照本规程第10.4节相关规定执行；
2.本图示例内容仅展示部分工程出工程常用内容，可根据工程类型的需要对"承载力基本容许值""摩阻力标准值"项内容进行更改。

E.11 原位测试图表

E.11.1 静力触探成果图表

工点名称	×××				里程桩号	K6+880.0左侧20m					
钻孔编号	SJK55	坐标	X=577 754.319		探头编号		开孔日期	2015-06-05			
孔口高程(m)	20.50		Y=3 373 833.012		探头系数k_f	252	终孔日期	2015-06-05			
层序	地质年代及成因	层底深度(m)	层底高程(m)	分层厚度(m)	岩土名称	地层岩性 1:100 / 静力触探曲线 锥尖阻力q_c —— 侧壁摩阻力f_s×100 - - - (MPa) / 摩阻比F(%)曲线	锥尖阻力q_c(MPa)	侧壁摩阻力f_s(MPa)	摩阻比F(%)	承载力基本容许值$[f_{a0}]$(kPa)	备注
-2	Q_4^{ml}	0.50	20.00	0.50	种植土		0.53	13.08	2.61	—	
a-0	Q_4^{al+pl}	1.70	18.80	1.20	粉质黏土		1.33	20.21	1.75	140	
a-1	Q_4^{al+l}	2.50	18.00	0.80	淤泥质粉质黏土		0.69	19.96	2.96	70	
a-2	Q_4^{al+pl}	3.40	17.10	0.90	粉质黏土		1.08	43.08	3.96	120	
a-1	Q_4^{al+l}	9.60	10.90	6.20	淤泥质粉质黏土		0.64	16.22	2.50	70	
a-2	Q_4^{al+pl}	11.10	9.40	1.50	粉质黏土		1.05	32.17	3.22	120	
a-1	Q_4^{al+l}	17.40	3.10	6.30	淤泥质粉质黏土		0.76	8.91	1.18	70	
a-2	Q_4^{al+pl}	20.00	0.50	2.60	粉质黏土		1.34	36.26	2.67	160	

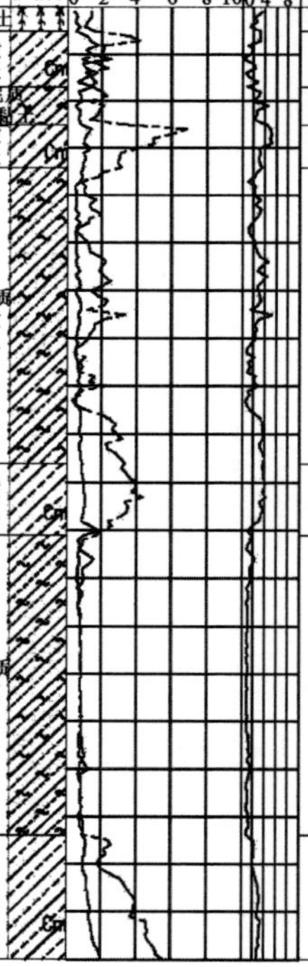

工点名称	×××				里程桩号	K6+880.0左侧20m					
钻孔编号	SJK55	坐标	X=577 754.319		探头编号		开孔日期	2015-06-05			
孔口高程(m)	21.70		Y=3 373 833.012		探头系数k_f	252	终孔日期	2015-06-05			
层序	地质年代及成因	层底深度(m)	层底高程(m)	分层厚度(m)	岩土名称	地层岩性 1:100 / 静力触探曲线 锥尖阻力q_c —— 侧壁摩阻力f_s×100 - - - (MPa) / 摩阻比F(%)曲线	锥尖阻力q_c(MPa)	侧壁摩阻力f_s(MPa)	摩阻比F(%)	承载力基本容许值$[f_{a0}]$(kPa)	备注
-2	Q_4^{ml}	0.50	21.20	0.50	种植土		0.49	10.14	10.85	—	
a-1	Q_4^{al+l}	2.30	19.40	1.80	淤泥质粉质黏土		0.37	12.98	9.97	70	
a-2	Q_4^{al+pl}	3.00	18.70	0.70	粉质黏土		1.99	15.67	0.89	120	
a-1	Q_4^{al+l}	19.80	1.90	16.80	淤泥质粉质黏土		0.38	7.16	4.47	70	
a-2	Q_4^{al+pl}	21.00	0.70	1.20	粉质黏土		1.11	31.58	2.76	160	

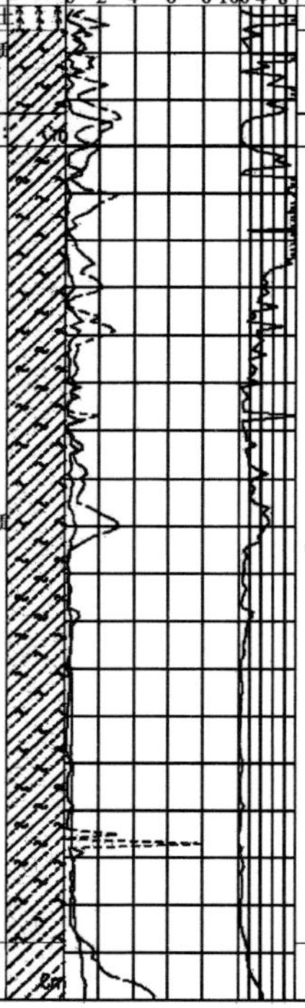

(勘察单位)	(项目名称)	静力触探成果图表	编制		复核		审核		比例		图号	

E.11.2 十字板剪切试验成果图表

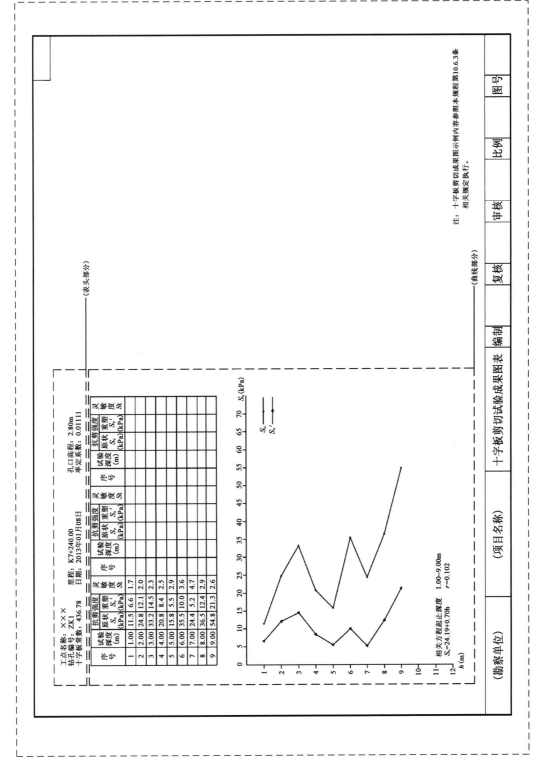

E.11.3 旁压试验成果图表

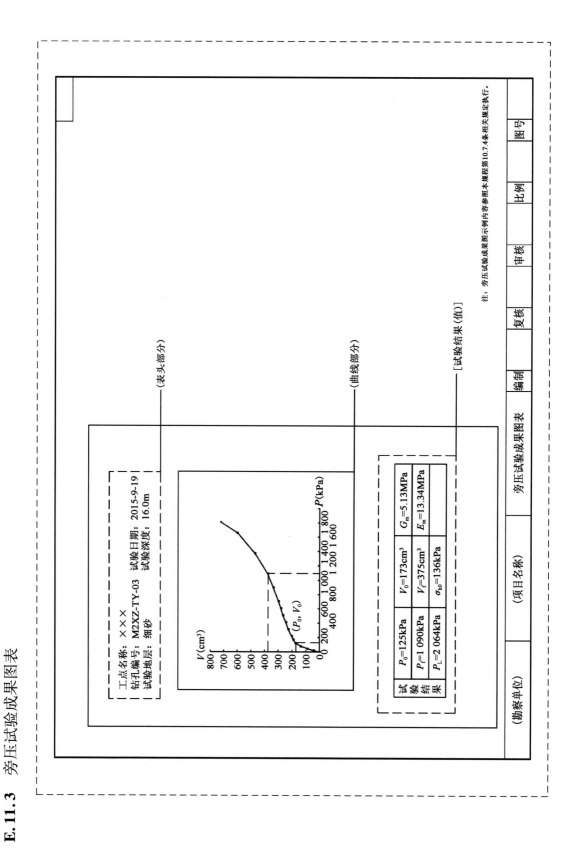

E.11.4 剪切波测试成果图表

工点名称：×××　　钻孔编号：×××　　里程桩号：××××+××××　　孔口高程：×××　　测试日期：××××年××月××日　共×页　第×页

层底深度(m)	分层厚度(m)	层底高程(m)	地层岩性比例尺1:125	地层名称	时间-深度图	波速-深度图	深度(m)	垂直走时(ms)	测点波速(m/s)	分层波速(m/s)	土类型	等效剪切波速	备注
3.70	3.70	1988.90		粉质黏土			1.0	5.63	177.47	199.60	中软土		
							2.0	10.96	187.78				
6.60	2.90	1985.90		粉土			3.0	15.73	209.84				
							4.0	20.04	232.05	272.23	中硬土		
							5.0	23.95	255.13				
							6.0	27.61	273.82			等效剪切波速计算深度:19m 等效剪切波速:$v_{se}=$302.29m/s	
							7.0	31.06	289.81				
							8.0	34.05	333.91	362.76	中硬土		
							9.0	37.10	328.61				
							10.0	39.81	368.13				
							11.0	42.60	358.42				
16.00	9.40	1976.50		圆砾			12.0	45.28	373.98				
							13.0	47.94	375.86				
							14.0	50.49	391.94				
							15.0	53.13	378.45				
							16.0	55.87	365.57				
18.90	2.90	1973.60		全风化泥质砂岩			17.0	58.30	411.07	492.80	软质岩石		
							18.0	60.63	429.37				
25.00	6.10	1967.50		强风化泥质砂岩			19.0	62.85	449.27	519.70	岩石		
							20.0	64.78	519.70				

(勘察单位)	(项目名称)	剪切波测试成果图表	编制	复核	审核	比例	图号

E.11.5 声波测孔成果图表

埋深 (m)	岩体波速速度 v_{pm} (m/s)	平均岩体纵波波速 $\bar{v}_{pm}$ (m/s)	岩石波速 v_{pr} (m/s)	平均岩石波速 $\bar{v}_{pr}$ (m/s)	完整性系数 K_v	平均完整性系数 $\bar{K}_v$	完整程度	备注
2	2 355				0.43			
3	2 332				0.42			
4	2 447				0.46			
5	2 407				0.45			
6	2 411	2 445	3 215	3 591	0.45	0.46	较破碎	
7	2 386		3 578		0.44			
8	2 388		3 645		0.44			
9	2 468				0.46			
10	2 429				0.47			
11	2 455				0.45			
12	2 414				0.47			
13	2 465				0.48			
14	2 453				0.47			
15	2 486				0.51			
16	2 568		3 724		0.50			
17	2 529		3 793		0.50			
18	2 540				0.46			
19	2 482	2 664		3 806	0.48	0.49	较破碎	
20	2 583				0.51			
21	2 695		3 806		0.54			
22	2 712				0.56			
23	2 664		3 950		0.60			
24	2 950				0.65			
25	2 998				0.66			
26	3 108				0.69			
27	3 235		4 012		0.69			
28	3 260				0.69			
29	3 386				0.68			
30	3 320	3 296		4 001	0.70	0.68	较完整	
31	3 314		4 024		0.69			
32	3 328		3 942		0.72			
33	3 313				0.71			
34	3 348				0.73			
35	3 310				0.70			
36	3 430				0.72			
37	3 400				0.73			
38	3 380		4 024		0.71			
39	3 422		4 056		0.73			
40	3 445				0.74			
41	3 438				0.74			

工点名称：××× 钻孔编号：××× 里程桩号：××××+××× 孔口高程：××× 测试日期：××××年××月××日 共×页 第×页

地层名称：强风化页岩、强风化砂岩、中风化页岩

层底深度 (m)	分层厚度 (m)	层底高程 (m)
18.50	18.50	981.66
22.60	4.10	977.56
50.00	27.40	950.16

（勘察单位）　（项目名称）　声波测孔成果图表　编制　复核　审核　比例　图号

E.12 室内试验图表

E.12.1 土工试验成果汇总表

E.12.2 岩石试验成果汇总表

工点名称：　　　　　　　　　　　　　　　　　　　　　　　　　　　　　　　　　　试验日期：

钻孔编号	样品编号	取样深度(m)	重度 ρ (g/cm³)			单轴抗压强度 (MPa)					软化系数	抗剪断强度						弹性模量 E (GPa)	泊松比 μ	岩性	风化程度	备注
			干燥	天然	饱和	干燥		天然		饱和			干燥		天然		饱和						
						单值	平均值	单值	平均值	单值	平均值		c(MPa)	φ(°)	c(MPa)	φ(°)	c(MPa)	φ(°)					

钻孔孔位

(勘察单位)　　　(项目名称)　　　岩石试验成果汇总表　　　编制　　复核　　审核　　比例　　图号

E.12.3 颗粒级配曲线

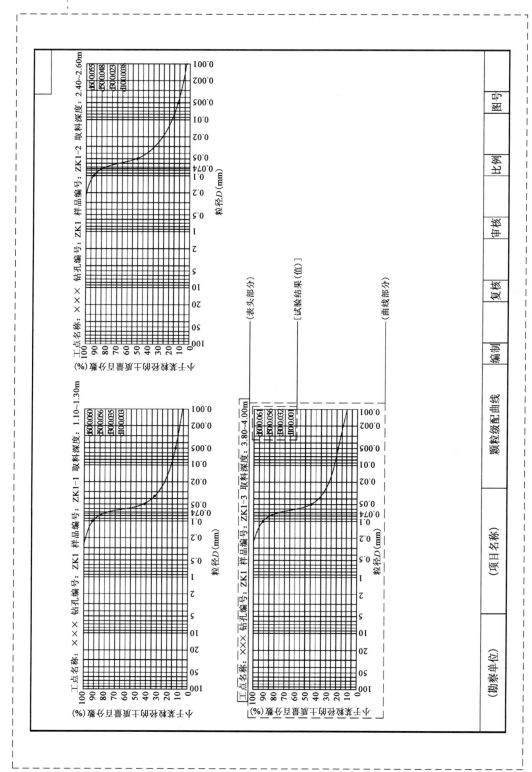

E.12.4　e-p 试验曲线

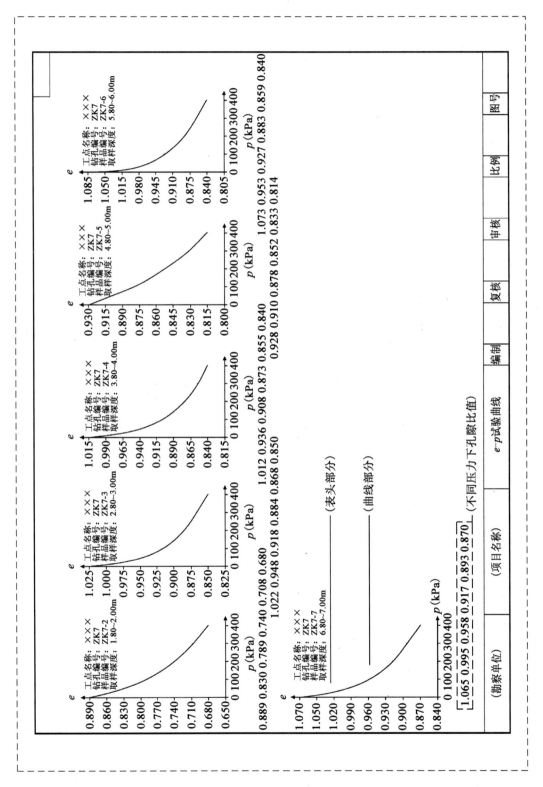

E.12.5 三轴压缩试验曲线

E.12.6 高压固结试验曲线

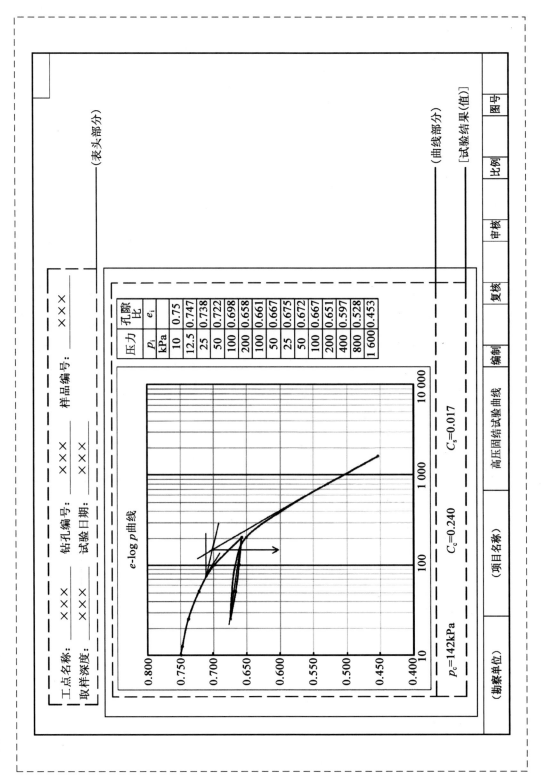

E.13 工程物探图表

E.13.1 折射波勘探成果图

E.13.2　瑞雷面波勘探成果图

E.13.3 高密度电法成果图

E.13.4 大地电磁法成果图

本规程用词用语说明

1 本规程执行严格程度的用词，采用下列写法：

1）表示很严格，非这样做不可的用词，正面词采用"必须"，反面词采用"严禁"；

2）表示严格，在正常情况下应这样做的用词，正面词采用"应"，反面词采用"不应"或"不得"；

3）表示允许稍有选择，在条件许可时首先应这样做的用词，正面词采用"宜"，反面词采用"不宜"；

4）表示有选择，在一定条件下可以这样做的用词，采用"可"。

2 引用标准的用语采用下列写法：

1）在标准条文及其他规定中，当引用的标准为国家标准和行业标准时，表述为"应符合《××××××》(×××)的有关规定"。

2）当引用本标准中的其他规定时，应表述为"应符合本规程第×章的有关规定""应符合本规程第×.×节的有关规定""应符合本规程第×.×.×条的有关规定"或"应按本规程第×.×.×条的有关规定执行"。